el Burlador de Sevilla

NEW EDITION

el Burlador de Sevilla

Tirso de Molina

Adapted in prose for intermediate students by

Marcel C. Andrade

Awarded the *Encomienda con Placa de la Orden Civil de Alfonso X
el Sabio* by His Majesty King Juan Carlos I of Spain

Feldman Professor
University of North Carolina—Asheville

New York, New York   Columbus, Ohio   Chicago, Illinois   Peoria, Illinois   Woodland Hills, California

With this new edition I wish to honor Professor Fred de Armas of Pennsylvania State University. Dr. Armas directed my first edition, which was my doctoral dissertation, when he taught at LSU.

Cover art: Greg Hargreaves
Interior illustrations: Ferruccio Cucchiarini

 Glencoe

The **McGraw·Hill** Companies

Send all inquiries to:
Glencoe/McGraw-Hill
8787 Orion Place
Columbus, OH 43240

ISBN : 0-658-00561-8
Printed in the United States of America
5 6 7 8 9 10 11 12   069   10 09 08 07 06

Contents

Jornada tercera

Introduction

Spanish drama of the sixteenth and seventeenth centuries is similar in many ways to its English counterpart. During this period, Spain became the most influential country in Europe. The immense economic and political power achieved during the reigns of Charles V (1517–1556) and Phillip II (1556–1598) marks the period of Spain's domination over the Low Countries (current-day Belgium, Luxembourg, and the Netherlands) and Italy, as well as the age of exploration and colonization of the Americas. The emergence of Spain as a great power lies at the heart of the flowering of artistic activity that took place in the seventeenth century (the Spanish Golden Age)—the age of Cervantes, Lope de Vega, Tirso de Molina, and Calderón. The output and quality of the Spanish dramatists is extraordinary in comparison with that of others: for example, Shakespeare's 36 plays compared to Lope de Vega's 1,800, Tirso de Molina's 300, and Calderón's 120.

Tirso de Molina was the pen name of Friar Gabriel de Téllez Girón. He was born in Madrid in the 1570s and died in Soria in 1648. It has been claimed that Tirso was the illegitimate son of the Duke of Osuna, one of the foremost noblemen of the realm. As a young man, he became a Mercedary Friar and traveled extensively. He spent several years in the West Indies (Santo Domingo). Tirso held many high positions within his religious congregation. The original work of the Order of Our Lady of Mercy was the ransoming of prisoners taken captive by the Moors. After the Reconquest in 1492, this activity of the Mercedaries gave way to preaching and general missionary work.

Tirso's dramatic work can be grouped into three categories: comedies, historical plays, and religious dramas. The comedies deal with the themes of love and jealousy and are characterized by complex plots. The historical plays deal with the nobility and contemporary political events. The religious plays dramatize themes of theological concern at the time. Among the religious plays are *El condenado por desconfiado* and *El burlador de Sevilla*. *El burlador de Sevilla*, published around the year 1630, is perhaps his best-known play. The background of this play is based upon the controversy (highly disputed at the time) between those who believed in free will and those who believed that salvation was predetermined by God.

The play opens at night, in the palace of the King of Naples. Don Juan finds out that a secret rendezvous is to take place between the Duchess Isabela and her intended husband, Duke Octavio. Don Juan arrives early at the scene of the meeting, impersonates the duke, and deceives Isabela. His crime is discovered by Don Pedro (his uncle), who is the Ambassador of Castile in Naples. Don Pedro reproaches Don Juan; nevertheless, he lets him escape.

Don Juan flees and is shipwrecked on a shore near Tarragona, Spain. There he seduces Tisbea, a beautiful fishermaid, with the promise of marriage. He then flees once again.

Don Juan travels next to Seville, his native city. By chance, he intercepts a letter from Doña Ana, the daughter of Don Gonzalo, to her suitor, the Marquis de la Mota (a friend of Don Juan). In the letter, she requests a rendezvous in her chambers at 11 P.M. However, wishing to deceive Doña Ana, Don Juan changes the hour to midnight and presents himself in place of Mota at 11 o'clock. Doña Ana discovers the impersonation in time and screams for help from her father, Don Gonzalo. A sword fight ensues and Don Gonzalo is killed.

Don Juan flees Seville and stops in a village where the wedding of two villagers, Batricio and Aminta, is in progress. Don Juan tempts the bride on her wedding night by promising to marry her. He then flees back to Seville followed by Aminta, who considers herself his wife. Isabela and Tisbea have also come to Seville, pursuing Don Juan and seeking justice from the King. The King (Alfonso XI) has decreed that Don Juan must marry Isabela.

At this point, God intervenes through a series of miraculous events. By chance, Don Juan enters the chapel where Don Gonzalo is buried, and he mocks Gonzalo's statue, inviting it to dinner at the inn where he is staying. To his horror, the statue comes to dinner and issues a return invitation, which Don Juan accepts. He goes to dinner at Don Gonzalo's burial chapel. At the meal, the statue grasps Don Juan's hand and, ignoring his pleas for confession, drags him down to hell.

Several times during the play, Don Juan uses a metaphor from the world of moneylending: *"¡Qué largo me lo fiáis!"* ("What long-term credit you are giving me!"). Don Juan does not deny his moral debt, but he believes that the payoff is a long time away. His boastful exclamation is countered at the end of the play by Don Gonzalo, who declares: *"Quien tal hace que tal pague"* ("He who acts in this way must pay in this way").

The sources of *El burlador* are difficult to trace. However, there was a long literary tradition of libertine lovers both in Spain and in Italy. Some investigators conclude that Tirso based his story upon the romantic adventures of Pedro Téllez Girón, Duke of Osuna, who, according to some, was Tirso's half brother. The motif of the "return invitation by the dead" has long been part of ancient European folklore and appears in ancient Spanish ballads.

After Tirso de Molina, Don Juan took his place with Faust, Hamlet, and Don Quijote as one of the great figures of Western and world literature. Don Juan inspired Mozart's opera *Don Giovanni,* Molière's *Dom Juan ou le Festin de Pierre,* Hoffman's short story "Don Juan," Dumas's *Don Juan de Marana,* Blaze de Bury's *Le souper chez le Commandeur,* and Merimée's *Les âmes du Purgatoire.* Other noted authors who took inspiration from Don Juan included Alfred de Mussett, Hans Bethge, Nikolaus Lenau, Lord Byron, and Alexander Pushkin. In nineteenth-century Spain, José Zorilla wrote *Don Juan Tenorio,* portraying him traditionally as a ruthless seducer in pursuit of pleasure. One important change, however, is the element of divine forgiveness. Don Juan's soul is saved through faith, inspired by the prayers of a girl whom he seduced and whose father he killed. In the twentieth century, Don Juan has inspired such diverse authors as George Bernard Shaw, Albert Camus, Jean Anouilh, and Henry de Montherlant.

In this new edition, each of the three *jornadas* into which the play is divided is preceded by a prereading activity that will encourage students to use their prior knowledge and critical thinking skills to make their own special connection to the play. And each scene within a *jornada* is followed by a variety of comprehension activities to ensure student understanding. Students will be asked some general objective questions based on what is going on in the scene; they also might have to sequence events described in the scene or decide if given statements are true or false, correcting the false information. There is also a *¿Qué opinas?* section that appears after every scene and foments classroom discussion. The new, open design of this edition is more inviting to students, and the completely new illustrations are superb visual aids that will enhance their reading enjoyment. Each scene is thoroughly annotated; students will not be mystified by historical or literary allusions. To avoid looking up unfamiliar terms in a dictionary, difficult vocabulary is glossed at the foot of the page, and a general compilation of words can be found in the Spanish-English *Vocabulario* at the back of the book.

For their valuable suggestions in the preparation of this text, I wish to acknowledge my appreciation to Professor John E. Keller (Emeritus, University of Kentucky), Professor Frederick de Armas (Pennsylvania State University, University Park), and Professor Claudio Malo González (Pontificia Universidad Católica del Ecuador, Sede de Cuenca). Many thanks also to my former student, Barbara Ledford.

El burlador de Sevilla

Personajes principales

Don Juan Tenorio, el protagonista.° Es hijo de don Diego Tenorio y sobrino de don Pedro Tenorio.

Catalinón, el gracioso (cómico) de la comedia. Es el sirviente de don Juan.

Isabela, una duquesa de Nápoles. Es la prometida° del duque Octavio.

Don Pedro Tenorio, tío de don Juan. Es el embajador° de España en Nápoles.

El rey de Nápoles

Octavio, un duque de la ciudad de Nápoles. Es el futuro esposo de Isabela.

Ripio, el sirviente del duque Octavio

Don Diego Tenorio, un hombre de edad avanzada. Es el padre de don Juan y camarero mayor° del rey Alfonso XI de Castilla.

Alfonso XI, el rey de Castilla

Tisbea, una bella pescadora° a quien ama Anfriso

Anfriso, un pescador, quien ama a Tisbea

Coridón, un pescador

Belisa, una villana

Marqués de la Mota, el primo de doña Ana de quien está enamorado

Don Gonzalo de Ulloa, el padre de doña Ana. Es también comendador mayor° de la orden de Calatrava y embajador del rey Alfonso en Lisboa.

Doña Ana, la hija de don Gonzalo. Ama al marqués de la Mota.

Aminta, una bella pastora,° esposa de Batricio e hija de Gaseno

Batricio, un labrador,° esposo de Aminta

Gaseno, un labrador rico, padre de Aminta

Músicos

---

protagonista main character
prometida fiancée
embajador ambassador

camarero mayor High Chamberlain
pescadora fishermaid

comendador mayor Grand Commander
pastora shepherdess
labrador farmer

Antes de leer: *¿Sabes qué es un "don Juan"? ¿Conoces a alguno? ¿Cómo se porta con respecto a las mujeres? ¿Qué opinas de tal comportamiento?*

JORNADA° PRIMERA

I

Don Juan burla a Isabela en el palacio del rey de Nápoles[1]

¿Quién es don Juan?

Don Juan Tenorio,[2] el burlador,° es un joven galán° español noble. Su padre, don Diego Tenorio, es el camarero mayor[3] del rey Alfonso XI de Castilla.[4] Alfonso estima mucho a los Tenorio. A don Juan lo llama "mi hechura".[5] Don Juan tiene la obsesión de burlar a las mujeres, lo que causa que siempre esté de camino, huyendo° de lugar a lugar. Sus

---

Jornada Act	**burlador** trickster, seducer, rogue	**galán** handsome, gallant
		huyendo fleeing

[1] Historically, the King of Naples at this time was Roberto, who ruled from 1309 to 1343. Spanish playwrights in the Golden Age were indifferent to historical accuracy. The play reflects more the spirit of the seventeenth century (Tirso's time) than that of the fourteenth century, which it is supposed to depict.

[2] The source for Tirso's Don Juan seems to have been Don Pedro Téllez Girón (1579–1624), the Marquis of Peñafiel and a notorious womanizer. He later became the Duke of Osuna. His exploits were the subject of the play *Las mocedades del Duque de Osuna* by Cristóbal Monroy y Silva. Don Pedro lived near Seville, which was the scene of his escapades. It has been suggested that Don Pedro Téllez Girón was, in fact, Gabriel de Téllez Girón's (Tirso de Molina's) half brother. Today, in Spanish, *Don Juan*, or *Tenorio*, has the meaning of "playboy" or "Casanova" in English.

[3] Don Diego was High Chamberlain (the officer in charge of the household of the King, his steward).

[4] Alfonso XI was King of Castile and Leon from 1312 to 1350.

[5] *Mi hechura* means literally "my creation." This seems to imply that Alfonso had a hand in rearing Don Juan. Alfonso is evidently very fond of Don Juan. In this play, Alfonso shows this affection on several occasions.

acciones le traen grandes peligros. Le demandan la restitución del honor[6] de sus víctimas, en duelos. Don Diego, para salvarlo, lo manda lejos, a Nápoles, Italia, donde está don Pedro, su hermano, quien es el embajador de España.

El tiempo, lugar y acción[7]

La comedia[8] empieza en el palacio del rey de Nápoles. Es el siglo XIV, y la acción es una aventura galante.° Es de noche. Don Juan conversa, a oscuras,° en la alcoba° del rey con la duquesa Isabela, a quien acaba de burlar. Isabela cree que aquel hombre es el duque Octavio, su prometido.° Quiere cerciorarse° de que es en realidad su duque y enciende una luz y ve con horror que es otro hombre.

ISABELA.   ¡Ah, cielo! ¿Quién eres, hombre?

DON JUAN.   ¿Quién soy? Un hombre sin nombre.

ISABELA.   ¿No eres el duque Octavio?

DON JUAN.   No.

ISABELA.   ¡Auxilio,° gente del palacio!

DON JUAN.   No grites. Dame, Isabela, tu mano.°[9]

ISABELA.   No me detengas, villano. ¡Auxilio, rey, soldados, gente!

---

aventura galante romantic adventure	**alcoba** bedroom	**¡Auxilio!** Help!
a oscuras in the darkness	**prometido** fiancé	**Dame tu mano.** Marry me.
	cerciorarse to verify	

[6] "Honor" and its code was a central theme in Spanish Golden Age drama. Honor implied personal dignity, personal pride, respect received, repute, esteem, glory, fame, and good reputation. However, these feelings became exaggerated to the point of distortion: "The loss of reputation was one thousand times worse than the loss of one's life." Any transgression of the code of honor, however minor, by a woman, required the husband, brother, father, or even another close male relative, to avenge the dishonor with blood, in order to save the woman's and the family's reputation. This concept of honor seems to have come to Spain from the Arabs, who conquered and dominated Spain for eight centuries from 711 to 1492.

[7] Of the three unities of classical drama (time, place, and action), unity of action was the only one that was strictly observed in Golden Age drama. It was considered absolutely necessary to maintain the flow of the plot.

[8] The term *comedia* means "drama" in general, not comedy.

[9] *Dame tu mano:* Don Juan, aware of the gravity of his offense, wants to appease Isabela by asking her to marry him.

Acude° el rey de Nápoles

El rey de Nápoles entra alarmado en la alcoba con una vela° en la mano.

REY.	¿Qué es esto?
ISABELA.	¡El rey! ¡Ay, triste de mí!
REY.	¿Quién eres?
DON JUAN.	¿Quién ha de ser? Un hombre y una mujer.[10]
REY.	(*Aparte.*) ¡Esto requiere prudencia![11] ¡Ah, guardas, prendan° a este hombre!
ISABELA.	¡He perdido mi honor!

Entra don Pedro Tenorio y pregunta al rey la causa de tantas voces. El rey aprovecha la oportunidad para delegarle° a don Pedro la investigación de este delicado problema.[12]

DON PEDRO.	¡Gran señor, escuché voces en tu alcoba!
REY.	Don Pedro, investiga esta prisión° con gran secreto. Quiero saber quiénes son estos dos. Lo he visto con mis propios ojos y no está el asunto muy claro.
	(*Se va el rey.*)
DON PEDRO.	Guardas, apresen° a ese hombre.
DON JUAN.	¡Mataré a quien lo intente!
DON PEDRO.	¡Mátenlo!
DON JUAN.	Me rendiré° sólo al embajador de España, porque soy su caballero.[13]

Acude Comes to her aid	**delegarle** to assign to him	**Me rendiré** I will
vela candle	**prisión** arrest	surrender
prendan take prisoner	**apresen** take prisoner	

[10] Don Juan is arrogant and disrespectful to the King of Naples.

[11] The King recognizes that this situation violates court protocol. Furthermore, if it became known, it would be a slur upon the "honor" of the King. He is concerned with his reputation, which could be protected by secret and prudent actions.

[12] Don Pedro, the Ambassador of Spain in Naples, appears to be a *privado* ("confidant") of the King of Naples. He has obviously earned the King's trust and seems prepared to solve this very delicate matter.

[13] Don Juan makes sure that his uncle dismisses everyone in order to avoid scandal.

Entonces, don Pedro manda que todos salgan y se queda solo con el caballero español, sin saber que es su propio sobrino don Juan.

———————◆◆◆◆———————

Comprensión

A. Contesta las siguientes preguntas.

1. ¿Quiénes son don Juan, don Diego y Alfonso XI de Castilla?
2. ¿Cuál es la obsesión de don Juan?
3. ¿Cuáles son las consecuencias de las burlas de don Juan?
4. ¿Cómo trata de solucionar don Diego los problemas de su hijo?
5. ¿Dónde y cuándo comienza la comedia?
6. ¿Por qué está don Juan en la alcoba del rey con Isabela?
7. ¿Cómo reacciona Isabela cuando ve a don Juan?
8. ¿Por qué dice don Juan "Dame, Isabela, tu mano"?
9. ¿Por qué le delega el rey a don Pedro la investigación?
10. ¿Por qué dice don Juan que es "caballero del embajador de España"?

B. ¿Qué opinas?

1. ¿Qué significa para ti el honor?
2. El padre y el tío de don Juan son hombres poderosos. ¿Crees que don Juan se aprovecha del poder de su familia? Explica tu respuesta.
3. Escoge tres adjetivos para describir a don Juan. Compara tu lista con la de tus compañeros de clase.
4. Para el rey de Nápoles es fácil evitar un escándalo. En la actualidad, ¿pueden las personas poderosas evitar escándalos tan fácilmente? ¿Por qué? Discute la pregunta con tus compañeros de clase.

II
Don Pedro Tenorio investiga el caso

Don Pedro, perplejo,° quiere saber quién es el caballero español que ha burlado a Isabela. Le pide que muestre su valentía con su espada. Don Juan lo reconoce y se niega a luchar.

DON JUAN.	Aunque soy valiente, tío, no puedo luchar contra ti.
DON PEDRO.	¡Di quién eres!
DON JUAN.	Soy tu sobrino.
DON PEDRO.	(*Aparte.*) ¡Ay, corazón! Temo alguna traición.° (*A don Juan.*) ¿Qué es lo que has hecho, enemigo? Dime presto° lo que ha pasado, ¡desobediente, atrevido!°... Estoy por matarte. ¡Habla!
DON JUAN.	Tío y señor, tú también fuiste joven un día y supiste amar.[1] Por esto debes disculpar mi amor. Ya que me obligas a decirte la verdad, te la diré. Yo engañé° a Isabela.
DON PEDRO.	¡Calla!... ¿Cómo la engañaste? Habla en voz baja...
DON JUAN.	Fingí° ser el duque Octavio...
DON PEDRO.	No digas más, calla. (*Aparte.*) Si el rey lo sabe, estaré perdido... Debo encubrir° todo esto[2]... (*A don Juan.*) Don Juan, tu padre te envió aquí para salvarte de las venganzas de otra burla que hiciste en España. ¡Tú mal pagas mi hospitalidad!... Pero no hay tiempo ahora. ¿Qué quieres hacer?
DON JUAN.	Mi sangre es la tuya. ¡Mátame, señor! Me rindo° a tus pies.
DON PEDRO.	Levántate. Me convences. ¿Te atreves a bajar por este balcón?

---

perplejo puzzled   **atrevido** insolent, daring   **encubrir** to conceal
traición treachery   **engañé** deceived   **Me rindo** I surrender
presto quickly   **Fingí** I pretended

[1] *supiste amar:* According to Don Juan, Don Pedro was also a womanizer in his younger days.

[2] Don Pedro values his reputation above all. He will lie to the King to protect himself and Don Juan.

Don Juan.	Sí, voy con alas.° Adiós, tío.
Don Pedro.	Vete a Sicilia o Milán,³ y vive allí encubierto.° Mis cartas te avisarán en qué termina este suceso.°
Don Juan.	(Aparte.) Yo, señor, me voy a España.

(Don Juan salta por el balcón.)

Regresa el rey, y don Pedro le informa que ya ejecutó su justicia y que el culpable° escapó mal herido.° Le dice además que Isabela acusa al duque Octavio de haberla engañado.⁴ El rey entonces manda que se presente Isabela ante él.

Rey.	¡Traigan a Isabela ante mí!
Isabela.	(Aparte.) ¿Con qué ojos veré al rey?°
Rey.	Di, mujer. ¿Qué te incitó a profanar con hermosura y soberbia° mi palacio?
Isabela.	Señor...
Rey.	El amor penetra por murallas° y almenas.° Vence a los guardas y criados.⁵ (A don Pedro.) Don Pedro, lleva en secreto a esta mujer y enciérrala en una torre. Prende luego al duque Octavio para que cumpla su palabra de matrimonio.
Don Pedro.	Vamos, duquesa.
Isabela.	No tengo disculpa.° Mas no será tan grave ofensa si el duque Octavio lo enmiende.°

Isabela tiene una sola alternativa para salvar su honor y es casarse con el duque Octavio.

---

alas wings	**¿Con... rey?** How can I	**almenas** battlements
encubierto disguised	look the King in the	**disculpa** excuse
suceso event	eye?	**lo enmiende** makes it right
el culpable the guilty one	**soberbia** arrogance	
mal herido badly wounded	**murallas** walls	

³ *Sicilia o Milán:* Sicily during the 1350s belonged to Spain. Milan, a major Italian city located approximately 200 miles north of Rome, did not come under Spanish rule until 1535.

⁴ Isabela has no choice but to lie about the incident and accuse Octavio, since admitting that she loved a total stranger would be, in addition to her dishonor, a sign of shallow stupidity.

⁵ The idea of love as a force that cannot be controlled was typical in Tirso's time. According to this notion, no one could oppose the fulfillment of true love.

Comprensión

A. Contesta las siguientes preguntas.

1. ¿Por qué se niega a luchar don Juan?
2. ¿Qué quiere saber don Pedro cuando reconoce a don Juan?
3. ¿Cómo explica don Juan el engaño a su tío?
4. ¿Por qué piensa don Pedro que estará perdido? ¿Qué cree que tiene que hacer?
5. ¿Adónde manda don Pedro a su sobrino?
6. ¿Adónde piensa ir el desobediente don Juan?
7. ¿Cómo le miente don Pedro al rey?
8. ¿Por qué le acusa Isabela al duque Octavio?
9. ¿Qué ordena el rey que haga don Pedro?
10. ¿Por qué quiere Isabela que el duque Octavio enmiende la situación?

B. Indica si las siguientes oraciones son ciertas (C) o falsas (F). Corrige la información falsa y cita las palabras o frases de la escena que apoyan la información.

1. Don Juan dice que su tío era un hombre religioso y solitario cuando era joven.
2. Isabela está avergonzada de sus acciones.
3. El rey piensa que todos somos capaces de controlar la fuerza del amor siempre.
4. Don Juan obedece a su tío.
5. Don Pedro se sorprende de ver a su sobrino.

C. ¿Qué opinas?

1. ¿Crees que don Juan es valiente o cobarde? Explica tu opinión.
2. ¿Qué piensas de la actitud del rey hacia doña Isabela? Si tú fueras Isabela, ¿qué harías? Compara tus respuestas con las de tus compañeros de clase.
3. ¿Qué opinas de los comentarios del rey acerca del amor? ¿Estás de acuerdo o no? Explica tus ideas sobre la fuerza del amor.
4. ¿Qué crees que será la reacción del duque Octavio cuando se entere de los sucesos? Explora las posibilidades con tus compañeros de clase.

III

Don Pedro acusa al duque Octavio

Es el día siguiente. El duque Octavio, en su casa, se levanta muy tempra-
no y habla con Ripio, su criado. Dice que el fuego de su amor por Isabela
lo está consumiendo.[1] Otro criado anuncia que el embajador de España
está en el zaguán° y viene para llevarlo prisionero.

OCTAVIO.	¡Prisión! Pues, ¿por qué ocasión? Dile que entre.
	(Entra don Pedro Tenorio con sus guardas.)
DON PEDRO.	Quien con tanto descuido duerme, tiene la concien-cia limpia.[2]
OCTAVIO.	No es justo que duerma yo cuando viene Vuestra Excelencia a honrarme. ¿Cuál es el objeto de vuestra visita?
DON PEDRO.	Duque, el rey me mandó venir. Te traigo una emba-jada° mala.
OCTAVIO.	Marqués, esto no me alarma. Decidme qué es.
DON PEDRO.	El rey me manda a apresarte. No te inquietes.°
OCTAVIO.	Pues, ¿de qué me culpa?
DON PEDRO.	Anoche, mientras el rey y yo hablábamos, escuchamos la voz de una mujer que repetía *¡Socorro!* desde la alcoba del rey. Acudimos y el mismo rey halló a Isabela en los brazos de algún hombre poderoso. Yo traté de apresarlo, pero, como el mismo demonio, se transformó en humo y polvo,[3] saltó por

---

zaguán entrance
embajada message

No te inquietes. Do not
be alarmed.

[1] Octavio resembles Calisto, one of the main characters in the Spanish classic *La Celestina*. Octavio, like Calisto, is overwhelmed by love.

[2] This is a Spanish saying equivalent to the English "He has nothing to hide." Don Pedro says this ironically, as if Octavio had just jumped in bed to cover his tracks.

[3] Many Spanish folktales describe the devil disappearing with an explosion in a sulfurous cloud of dust. Don Juan is portrayed by his uncle as a demonic figure. In the second act, at the wedding of Aminta and Batricio, Catalinón calls Don Juan "Lucifer." The situation must have been comical to the audience of Tirso's time, but certainly tragic to Octavio.

los balcones del palacio y desapareció. Luego la duquesa Isabela te acusó, delante de todos, de haber-la burlado.

OCTAVIO.	Marqués, ¿es posible que Isabela me haya engañado? ¡Oh, mujer...! ¡Ley tan terrible del honor!... ¿Anoche un hombre con Isabela en el palacio? ¡Estoy loco!⁴
DON PEDRO.	Todo lo que te digo es verdad.
OCTAVIO.	¡Sé lo que tengo que hacer!
DON PEDRO.	Tú eres prudente y sabio. Elige° el mejor remedio.
OCTAVIO.	Mi remedio es ausentarme.°
DON PEDRO.	Hazlo pronto, duque Octavio.
OCTAVIO.	Quiero embarcarme rumbo a España y dar fin a mis males.
DON PEDRO.	Sal por esa puerta del jardín, duque. ¡Huye!
OCTAVIO.	¡Adiós, Patria!° ¡Anoche un hombre con Isabela en el palacio! ¡Estoy loco!

El duque Octavio se embarca con rumbo a España.⁵

Comprensión

A. Contesta las siguientes preguntas.

1. ¿Qué le dice a su criado Ripio al levantarse el duque Octavio?
2. ¿Quién está en el zaguán? ¿Por qué ha venido?
3. Según don Pedro, ¿qué pasó en la alcoba del rey?
4. ¿Cómo reacciona el duque Octavio al saber lo ocurrido?
5. ¿Qué remedio elige el duque Octavio?

Elige Choose   **Patria** Fatherland,
ausentarme to go away   Motherland

⁴ It is curious that Octavio does not mention love at all here.

⁵ Instead of facing the problem, Octavio chooses to flee from it. Tirso uses this device to bring Octavio to the center of action in the play.

B. ¿Qué opinas?

1. ¿Qué piensas de la reacción del duque Octavio? ¿Crees que está verdaderamente enamorado de Isabela? ¿Por qué? Explica tu respuesta.

2. ¿Por qué crees que don Pedro permite que se huya el duque Octavio? Explica tu respuesta.

3. Don Pedro se preocupa por su propio honor. ¿Son sus acciones las de un hombre honrado? Discute tus ideas con tus compañeros de clase.

IV

El náufrago° don Juan enamora a la pescadora Tisbea

Don Juan y su sirviente Catalinón llegan en una galera° a la costa española durante un fuerte huracán, y naufragan frente a Tarragona.[1] En la playa, Tisbea, una bellísima pescadora, está pescando. Dice que es feliz porque desdeña° el amor. Entonces ve el naufragio.

TISBEA.	Amo mi libertad y me río de todos los hombres. Por esto soy la envidia de otras mujeres. Mi honor y mi virtud son sagrados. Soy sorda a los suspiros° y ruegos° de los pescadores. Rehusé° a Anfriso a pesar de sus lisonjas° y su dulce música de vihuela,° aunque él está dotado de muchas cualidades. ¿Qué veo en el mar?... ¡Se hunde una galera! Dos hombres se arrojan al mar...

(Una voz dentro.) ¡Me ahogo!°

TISBEA.	Veo que un hombre salva a otro. ¿No hay nadie en la playa que los pueda socorrer? ¡Hola! ¡Tirseo, Anfriso, Alfredo! ¡Hola!... Me ven pero no me escuchan.

Finalmente los dos hombres milagrosamente llegan a la playa. Don Juan acaba de salvar a Catalinón con riesgo° de su propia vida y queda desmayado° en la playa. Catalinón, en cambio, está lleno de vida y lleva a don Juan en sus brazos, diciendo:

CATALINÓN.	¡Mire la Cananea![2] ¡Qué salado° está el mar! ¡El agua salada no me gusta! ¡Cómo quisiera encontrar un buen vino! ¡Ah, señor! ¡Don Juan, despierta!... ¡Está helado y frío! ¿Habrá muerto?... ¡Malditos° sean Jasón

---

náufrago shipwrecked	**Rehusé** I refused	**riesgo** risk
galera galley ship	**lisonjas** flattery	**desmayado** unconscious
desdeña scorns	**vihuela** stringed instrument	**salado** salty
suspiros sighs, whispers	like a guitar	**Malditos** Accursed
ruegos pleas	**¡Me ahogo!** I'm drowning!	

[1] Tarragona is a city located 65 miles south of Barcelona. It was perhaps the earliest Roman settlement in Spain and served as a Roman seaport. Ruins of Roman architecture may be seen in the older parts of the city.

[2] *Cananea:* Christ transformed water into wine in the city of Cana (John 2:1–10). Catalinón loves wine and is contrasting it with the seawater he has swallowed.

y Tisis!³ ¡Muerto está don Juan! ¡Mísero Catalinón!
¿Qué haré sin don Juan?

TISBEA.   ¡Hombre! ¿Cómo está tu compañero?

CATALINÓN.   Pescadora, sin vida está mi señor. Mira si es verdad.

TISBEA.   No, aún respira.°

Tisbea manda a Catalinón a pedir ayuda a unos pescadores y le pregunta
quién es ese caballero. Catalinón responde que es el hijo del camarero
mayor del rey de España en Sevilla⁴ y su nombre es don Juan Tenorio. Se
va Catalinón, y Tisbea pone a don Juan en su regazo.° Éste vuelve en sí°
y comienza a enamorar a la seductora Tisbea.

TISBEA.   Mancebo° excelente, gallardo,° noble y galán...
               ¡Volved en sí..., caballero!

DON JUAN.   ¿Dónde estoy?

TISBEA.   Ya puedes ver: en brazos de una mujer.

DON JUAN.   Pues del infierno del mar salgo a vuestro claro cielo.°
               Un espantoso huracán hundió mi galera y me arrojó
               a tus pies. Ves tú que de amar a mar hay una sola
               letra de diferencia.

TISBEA.   Tienes mucho aliento° para haber estado sin alien-
               to.° Aunque estás helado, tienes tanto fuego en ti...
               que me abrasas°... Ruega a Dios que no me mientas.⁵

---

respira is breathing	**Mancebo** Single man,	**aliento** daring
regazo lap	Bachelor	**aliento** breath
vuelve en sí comes to his	**gallardo** good-looking	**abrasas** burn
senses	**cielo** heaven	

³ In mythology, Jason (*Jasón*) was the leader of the Argonauts who went in search of the
Golden Fleece, and Theseus (*Tisis*) was the Greek hero who took part in that search.

⁴ Seville was a major city during the Spanish Golden Age because it was there that the
greatest impact of trade with South America was felt. During the sixteenth century, it
became one of the largest cities of Europe. It was even called the "eighth wonder of the
world." By the time of *El burlador*, Spain was in decline. This fall from greatness was
accompanied by moral decadence. Tirso thus portrays Seville as a city of prostitutes,
rogues, and dissolute noblemen. Cervantes expresses a similar judgment on the city in
Don Quijote (Book 1, Chapter 14). Tirso contrasted Seville with Lisbon, which was considered to be a very "holy" city. (See footnote 3 in scene V of this act.)

⁵ Don Juan is making a pun on the words *mar* and *amar*. Tisbea boasted of being ice-cold
toward men; however, the flame of love is now burning her. She responds to Don Juan's
metaphors with provocative metaphors of her own. *Aliento* has two meanings: "breath"
and "daring." While Don Juan is out of breath because he nearly drowned, he has plenty of daring when it comes to Tisbea.

Finalmente los dos hombres milagrosamente llegan a la playa.

Tisbea está a punto de besar a don Juan cuando les interrumpen Catalinón y dos pescadores, Coridón y Anfriso (este último ama a Tisbea). Ella les relata el naufragio de la galera. Luego manda que los lleven a su choza° para reparar sus vestidos y darles de comer y beber. Catalinón la admira y don Juan se siente seducido por su hermosura.

CATALINÓN.	¡Extremada es su beldad!°
DON JUAN.	Escúchame.
CATALINÓN.	Te escucho.
DON JUAN.	Si te pregunta quién soy, di que no sabes.
CATALINÓN.	¡A mí...! ¿Quieres advertirme a mí lo que debo hacer?[6]
DON JUAN.	Estoy loco por la hermosa pescadora. Esta noche será mía.

Esa noche los pescadores celebran una fiesta en honor de los náufragos, con músicos, cantos y bailes para que aprecien las bellas costumbres de Tarragona.

———◆———

---

choza hut
beldad beauty

[6] Catalinón is perturbed because he has already given Don Juan's name and described his background to Tisbea.

Comprensión

A. Contesta las siguientes preguntas.

1. ¿Por qué es feliz Tisbea? ¿Qué ve en el mar?
2. ¿Quién salva a quién?
3. ¿Por qué está tan preocupado Catalinón?
4. ¿Cómo saben que don Juan está vivo?
5. En tus propias palabras, describe la conversación entre don Juan y Tisbea.
6. ¿Quién es Anfriso?
7. ¿Por qué llevan a Catalinón y a don Juan a la choza de Tisbea?
8. Según don Juan, ¿cómo debe responder Catalinón si le preguntan quién es?

B. ¿Qué opinas?

1. ¿Qué opinas de la actitud de Tisbea hacia el amor y los hombres? ¿En qué crees que se basa?
2. ¿Qué te parece la reacción de don Juan cuando se vuelve en sí y ve a Tisbea? Explica tu respuesta.
3. ¿Por qué crees que don Juan no quiere que la gente sepa quién es? ¿Por qué no le dice Catalinón a don Juan que ya ha contado todo a Tisbea? Comparte tus respuestas con tus compañeros de clase.

V

El rey Alfonso decide casar a don Juan con doña Ana[1]

Regresa de Lisboa don Gonzalo, el embajador de Alfonso

En el palacio del rey, don Gonzalo de Ulloa, el comendador mayor de Calatrava,[2] acaba de regresar de Lisboa.[3] Informa al rey sobre su embajada,° y hace una dilatada° descripción de la bella ciudad. El rey responde con cierta ironía.

REY.	Don Gonzalo, aprecio más tu descripción de Lisboa que haberla visto con mis propios ojos. ¿Tienes hijos?
DON GONZALO.	Gran señor, tengo una hija bella, que tiene un rostro° divino. Se llama Ana.
REY.	Pues yo te la quiero casar° con mi propia mano.
DON GONZALO.	Se hará como tú lo quieras, señor. Lo acepto por ella. ¿Quién será su esposo?
REY.	Será un sevillano que está en Nápoles ahora. Su nombre es don Juan Tenorio.
DON GONZALO.	Voy a darle las nuevas° a Ana.
REY.	Habla con ella y vuelve con su respuesta.

---

embajada diplomatic task	**te la quiero casar** to marry	**las nuevas** the news
dilatada extensive, long	her (find her a hus-	
rostro face	band) for you	

[1] During the Golden Age, kings were considered the representatives on earth of God's justice (the Divine Right of Kings). They were also responsible for the well-being of their subjects. They often arranged the marriages of young nobles to solve problems, preserve family "purity," safeguard wealth, etc. King Alfonso constantly tries to patch up the havoc created by Don Juan. He is certainly a better monarch than the King of Naples, who avoided responsibility.

[2] *comendador mayor de Calatrava:* "Grand Commander of the Order of Calatrava" The Order of Calatrava was a Spanish religious and military order founded in 1158 by Saint Raimond, Abbot of Fitero. Its purpose was to defend the city of Calatrava against Moorish attack.

[3] Tirso loved Lisbon, the capital of Portugal. He describes it with delight in many of his plays. Portugal and Spain were united at the time this *comedia* was written, but not during the period in which the action of the play takes place. Lisbon is characterized as a saintly city, in contrast with Seville, which had the reputation of being beautiful but wicked.

Don Juan burla a Tisbea

Mientras tanto en Tarragona, don Juan manda a Catalinón que ensille°
dos yeguas° para huir después de la burla que hará a Tisbea.

DON JUAN.	Catalinón, prepara estas dos buenas yeguas.
CATALINÓN.	Aunque soy Catalinón,° soy muy valiente.
DON JUAN.	Este es mi plan: cuando los pescadores vayan a la fiesta, ensillarás las yeguas y nos salvarán sus cascos voladores.°
CATALINÓN.	Entonces, ¿burlarás a Tisbea?
DON JUAN.	Es un hábito antiguo° mío. ¿Por qué me preguntas eso, sabiendo lo que yo soy?[4]
CATALINÓN.	Ya sé que eres el castigo° de las mujeres.[5]
DON JUAN.	La verdad es que muero por Tisbea. ¡Es tan bella!
CATALINÓN.	¡Buen pago quieres dar a su hospitalidad!
DON JUAN.	Necio,° lo mismo hizo Eneas con la reina de Cartago.[6]
CATALINÓN.	Los que fingen y engañan así a las mujeres, siempre lo pagan con la muerte.[7]
DON JUAN.	¡Qué largo me lo fiáis![8] Catalinón con razón te llaman.

---

que ensille to saddle	**cascos voladores** speedy	**castigo** punishment,
yeguas mares	hooves	scourge
Catalinón coward *(in the Andalusian dialect)*	**antiguo** old	**Necio** Fool

[4] Don Juan recognizes his psychological condition (Satyriasis, or the abnormal, insatiable desire for women).

[5] Catalinón calls Don Juan by an epithet, "the scourge of women."

[6] Aeneas (*Eneas*) is the hero of Vergil's Latin epic poem the *Aeneid*. In the poem, he spurned the love of Dido, Queen of Carthage, to fulfill his heroic destiny.

[7] This is the first time the death of Don Juan is foretold. Catalinón scolds Don Juan, warning him of the consequences of his actions.

[8] *¡Qué largo me lo fiáis!*: "This is a debt I'm not obliged to pay as yet!" or "I'll cross that bridge when I get to it." (See the "Introduction" for the literal translation.) Don Juan often makes this precautionary statement.

Se va Catalinón. Entra Tisbea y le declara su amor a don Juan. Le dice que es suya. Don Juan le promete obligarse° a cualquier cosa. Don Juan promete a Tisbea ser su esposo.[9]

DON JUAN.   Juro,° a esos ojos bellos que me matan al mirar, que seré tu esposo.[10]

TISBEA.   Advierte,° mi bien,° que hay Dios y que hay muerte.[11]

DON JUAN.   ¡Qué largo me lo fiáis! Y mientras Dios me dé vida, yo seré tu esclavo.

Los pescadores, músicos y bailadores se preparan para la fiesta. Van con Anfriso a buscar a Tisbea y a don Juan en su cabaña. Encuentran la cabaña ocupada y cantan esta canción:

> *A pescar salió la niña*
> *tendiendo redes,*
> *y en lugar de peces*
> *las almas prende.*[12]

Sale entonces Tisbea en medio de trágica desesperación. Don Juan ha huido. Lo acusa de haberla burlado. Pedirá venganza al mismo rey en Sevilla. Tisbea se arroja al mar exclamando:

TISBEA.   ¡Fuego,° fuego! ¡Que me quemo!° ¡Que mi cabaña se abrasa! ¡Fuego, zagales,° fuego, agua, agua! ¡Amor, clemencia,° que me abrasa el alma! ¡Ay, choza, vil° instrumento de mi deshonra y mi infamia!

---

obligarse to be faithful, true	**mi bien** my love	**zagales** lads, boys
Juro I swear	**Fuego** Fire	**clemencia** mercy
Advierte Be warned	**me quemo** I am burning	**vil** infamous, vile

[9] Don Juan falsely promises marriage to achieve his purpose. He asked for Isabela's hand only after she called for help. With Tisbea and with Aminta in the second act, he uses plays on words that are not caught by the unsophisticated women. Spanish culture considers it cowardly to make false promises of marriage.

[10] Notice that Don Juan swears to Tisbea's beautiful eyes, not to Tisbea herself. This reflects the influence of casuist morality, which helped people avoid strict adherence to the virtues of truth, justice, temperance, and the like through rationalization.

[11] Tisbea warns Don Juan of the consequences if he lies. Again, his impending death by the hand of God is foretold.

[12] "The fishermaid went out to fish, casting her nets, but instead of fish, she caught lovers' souls."

Anfriso quiere vengarse de ella por su infidelidad. Tisbea intenta suicidarse, pero los pescadores la rescatan.° Don Juan y Catalinón huyen en las yeguas previstas.° Los pescadores quieren perseguir° al vil caballero.

Comprensión

A. Contesta las siguientes preguntas.

1. ¿Quiénes son don Gonzalo y doña Ana?
2. ¿Con quién quiere casar el rey a doña Ana? ¿Por qué?
3. ¿Cuál es el plan de don Juan en Tarragona?
4. ¿Cuál es el hábito antiguo de don Juan?
5. ¿Cómo reacciona Catalinón a la "confesión" de don Juan?
6. ¿Qué le promete don Juan a Tisbea?
7. ¿Qué es lo que cantan los pescadores y músicos?
8. ¿Qué hace Tisbea cuando se da cuenta de la burla?
9. ¿Logra suicidarse Tisbea? ¿Por qué?
10. ¿En qué van huyendo don Juan y Catalinón?

B. Indica si las siguientes oraciones son ciertas (C) o falsas (F). Corrige la información falsa y cita las palabras o frases de la escena que apoyan la información.

1. Al rey Alfonso le cae bien Lisboa.
2. Ana es la hija del rey.
3. Ana va a casarse con un señor portugués de Lisboa.
4. Tisbea rechaza los avances de don Juan.
5. Don Juan piensa escaparse de Tarragona montando a caballo.

C. ¿Qué opinas?

1. En la España de esa época, los padres le escogen la esposa a su hijo o el esposo a su hija. ¿Qué piensas de esta costumbre? Discute el tema con tus compañeros de clase.
2. ¿Por qué crees que Tisbea intenta suicidarse? ¿Crees que lo que pasó con don Juan merece esta reacción? Explica tus opiniones.
3. ¿Qué piensas de Catalinón? Describe sus características buenas y malas. Comparte tus ideas en una conversación con tus compañeros de clase.

---

rescatan rescue   **perseguir** to give chase
previstas readied

Antes de leer: *¿Qué opinas de las personas que traicionan a sus amigos? Mientras lees esta jornada, piensa en lo que podría motivar a una persona a traicionar a un amigo. ¿Cómo crees que se sienten las personas que son traicionadas por sus amigos?*

JORNADA SEGUNDA

I

El rey Alfonso se entera de la burla de don Juan a Isabela

En el palacio de Sevilla, don Diego informa al rey que don Pedro Tenorio, su hermano, se queja de que hallaron a don Juan con la duquesa Isabela, en la alcoba del mismo rey de Nápoles.

REY.	¿Isabela?
DON DIEGO.	Sí, señor, Isabela.
REY.	¡Qué atrevimiento temerario!° ¿Dónde está don Juan ahora?
DON DIEGO.	No te puedo ocultar° la verdad, mi rey. Anoche llegó a Sevilla con un criado suyo.
REY.	Ya sabes, Tenorio, que mucho te estimo. Informaré luego al rey de Nápoles después de casar a este rapaz° con Isabela. Esto devolverá el sosiego° al duque Octavio, quien sufre y es inocente. Luego, al punto,° haz que don Juan salga desterrado a Lebrija.[1] Lo hago por ti. De otra manera mal lo pagaría. Don Diego, ¿cómo explico esto a Gonzalo de Ulloa? Prometí casar a don Juan con Ana, su hija.
DON DIEGO.	¿Qué me mandas hacer, gran señor?
REY.	Tengo una solución. Lo haré mayordomo mayor.[2]

---

atrevimiento temerario reckless daring	**ocultar** to hide, conceal **rapaz** lad, rascal	**sosiego** calm **al punto** right away

[1] Lebrija is a town in the province of Seville.

[2] A *mayordomo mayor* was the Chief Steward, in charge of affairs in the palace.

Llega el duque Octavio

Anuncian la llegada del duque Octavio. Alfonso supone que querrá un duelo con don Juan. Don Diego le ruega al rey que no lo permita porque don Juan es su vida.°

Don Diego.	Señor, no permitas el desafío,° si es posible.
Rey.	Yo comprendo, don Diego, es tu honor de padre.
	(Entra el duque Octavio.)
Octavio.	Estoy a tus pies, gran señor. Soy un mísero desterrado quien quiere hacer una queja.°
Rey.	Levántate, duque Octavio.
Octavio.	Fui agraviado por un caballero y una mujer.
Rey.	Ya sé, duque, tu inocencia. Le escribiré al rey de Nápoles para que te restituya.° Además te casaré, con la gracia° de tu rey, con la bella doña Ana, la hija del Comendador don Gonzalo de Ulloa. Ella es virtuosa y es el sol de las estrellas de Sevilla.³
Octavio.	Quien espera en ti, señor, saldrá lleno de premios. Primer Alfonso eres, siendo onceno.⁴

Entran don Juan y Catalinón. Catalinón se mofa° de la condición del duque Octavio.

Catalinón.	Señor, detente. Aquí está el duque Octavio, que es Sagitario, o mejor Capricornio⁵ de Isabela.

---

es su vida is the apple of his eye	**queja** complaint	**con la gracia** with the blessing
desafío duel	**te restituya** reinstate you	**se mofa** mocks

³ *El sol de las estrellas de Sevilla:* Seville enjoyed a reputation for its beautiful women. Ana is the most beautiful according to Alfonso, who uses the metaphor of the sun to describe her and the stars for the beautiful women of Seville.

⁴ *Primer Alfonso:* Octavio, grateful to Alfonso, flatters him by calling him "Alfonso I," although he was actually Alfonso XI.

⁵ Sagittarius (*Sagitario*) is the sign of the zodiac represented by a centaur with a bow and arrow in its hand. Catalinón seems to be distorting the traditional image of Cupid. Capricorn (*Capricornio*) is also a sign of the zodiac, represented by a goat with horns. The horns have traditionally been a symbol of wifely infidelity (cuckoldry). This is a reference to Don Juan's deception of Isabela.

Don Juan.	Disimula.°
Catalinón.	(*Aparte.*) Cuando le vende al duque, le adula.°⁶
Don Juan.	Octavio, ¿qué tal? Sabes que cuando salí de Nápoles, de urgencia, por orden de mi rey, no tuve tiempo de despedirme de ti.
Octavio.	Por eso, mi amigo, hoy nos juntamos los dos en Sevilla. ¿Quién viene allí?
Don Juan.	Es el marqués de la Mota.
Catalinón.	Señores, Catalinón estará a vuestro servicio, en "Los Pajarillos" que es un tabernáculo excelente.⁷

(*Salen Octavio y Catalinón.*)

Los dos libertinos,° don Juan y el marqués de la Mota, hablan de sus conquistas amorosas.

———◆◆◆———

Comprensión

A. Contesta las siguientes preguntas.

1. ¿Cómo reacciona Alfonso al enterarse de lo que hizo don Juan en Nápoles?
2. ¿Qué ordena Alfonso?
3. ¿Por qué no ordena el rey un castigo severo para don Juan?
4. ¿Cómo soluciona el rey el problema con don Gonzalo?
5. ¿Qué cree el rey que va a querer el duque Octavio?
6. ¿Con quién casará Alfonso a Octavio? ¿Cómo reacciona Octavio? ¿Por qué?
7. ¿Adónde va Catalinón?

Disimula. Be quiet!
adula flatters

libertinos libertines, persons who are unrestrained by morality

⁶ Catalinón evokes the image of Judas, who sold Jesus Christ for thirty silver coins.

⁷ *tabernáculo:* The tabernacle in Catholic churches houses the consecrated bread and wine of the Eucharist. Catalinón refers jokingly to the wine by calling the tavern (*taberna*) a tabernacle.

B. Pon en orden cronológico (1–7) los siguientes acontecimientos de la escena.

____ El rey Alfonso se entera de que don Juan ha burlado a la duquesa Isabela.

____ Llega don Juan al palacio y habla con el duque Octavio.

____ El rey le manda a don Diego que expulse a don Juan de la ciudad.

____ Octavio le da las gracias al rey Alfonso.

____ El rey dice que va a concederle a don Gonzalo un cargo importante.

____ El rey le informa al duque que se va a casar con doña Ana.

____ Don Diego trata de evitar un desafío entre don Juan y el duque.

C. ¿Qué opinas?

¿Qué piensas de la manera en que el rey va a castigar a don Juan? ¿Merece don Juan tanta consideración? Si fueras el rey, ¿cómo castigarías a don Juan? Discute el tema con tus compañeros de clase.

II

Los libertinos don Juan y el marqués de la Mota hablan de sus aventuras amorosas

El marqués ha buscado a don Juan todo el día y finalmente lo encuentra. Le saluda y en un diálogo muy atrevido le habla de las mujeres galantes de Sevilla.

Don Juan.	¿Cómo está Inés?
Mota.	Se va a Vejel.[1]
Don Juan.	¿Y Constanza?
Mota.	Da lástima verla. Ha perdido todo el pelo.°
Don Juan.	¿Cómo está Teodora?
Mota.	Se curó del mal francés,° con muchos sudores.
Don Juan.	¿Y Julia del Candilejo?
Mota.	Lucha con sus cosméticos.
Don Juan.	¿Viven aún las dos hermanas?
Mota.	Viven con Tolú,[2] y con su madre Celestina,[3] quien les enseña la doctrina.
Don Juan.	Marqués, ¿qué hay de las burlas?
Mota.	Esquivel[4] y yo hicimos una muy buena anoche.
Don Juan.	Quiero salir esta noche contigo, para ir a cierto nido° que dejé. ¿Qué más hay de nuevo?
Mota.	Quiero algo imposible.
Don Juan.	¿Y ella no te corresponde?
Mota.	Sí, ella me ama.

Ha perdido todo el pelo.   **mal francés** French disease
   She has gone bald.   **nido** nest

[1] *Vejer*: a town in the province of Cadiz. However, given this mispronunciation of the word (Vegel), there is also a humorous suggestion of *vejez,* or "old age."

[2] *Tolú*: a port in Colombia from which monkeys were exported to Europe

[3] Celestina is the main character of a classic work of Spanish literature (1499) bearing her name. Celestina was a crafty go-between in financial and amorous matters.

[4] Esquivel evidently was a friend of Mota.

Don Juan.	¿Quién es?
Mota.	Es mi prima, doña Ana, la hija de don Gonzalo de Ulloa, quien acaba de regresar con su padre de Lisboa. Don Gonzalo fue a Lisboa con una embajada de Alfonso.
Don Juan.	¿Es hermosa?
Mota.	Es bellísima. En ella se extremó° la naturaleza.
Don Juan.	¿Es tan bella esa mujer? ¡Dios mío, tengo que verla![5]
Mota.	Vas a ver la mayor belleza que los ojos del sol pueden ver.
Don Juan.	Si es tan bella, ¿por qué no te casas con ella?
Mota.	Porque el rey ya la tiene prometida a algún noble, y no sé quién es.[6]
Don Juan.	¿Te corresponde?
Mota.	Sí, me escribe.
Catalinón.	(Aparte.) No prosigas porque te engaña el gran burlador de España.
Don Juan.	¿Por qué estás tan satisfecho así? ¿Temes desdichas?° Debieras sacarla, solicitarla, escribirla y engañarla, y que el mundo se queme.[7]
Mota.	Estoy esperando para ver lo que pasa al final.
Don Juan.	No pierdas la oportunidad. Te esperaré aquí.
Mota.	Ya vuelvo más tarde.
	(Se va el marqués de la Mota.)
Don Juan.	Catalinón, síguele al marqués y ve qué hace.

---

se extremó did its utmost   desdichas misfortunes

[5] Don Juan becomes increasingly intrigued by the beauty of Ana and decides to meet her.

[6] Marriages between close relatives were common in Europe. The nobility married its children from within the family, to maintain lineage, wealth, political alliances, etc. Hemophilia (a hereditary disease occasioned by a lack of genetic variety) was, thus, common among the nobility.

[7] In this passage, Don Juan shows himself to be an irresponsible, selfish scoffer. His attitude is well summarized by the Latin phrase Carpe diem (literally, "Seize the day"), meaning that life must be enjoyed, because death awaits (Horace, Odes, I, 11, 8).

(Se va Catalinón.)

(La voz de una mujer le habla a don Juan desde la reja° de una casa.)

MUJER.	¡Hola, caballero! ¿Quién es usted?
DON JUAN.	¿Quién me llama?
MUJER.	Usted es prudente y cortés° y es amigo del marqués de la Mota. Por favor, entréguele este papel. En este papel está la felicidad de una señora.
DON JUAN.	Se lo entregaré a él porque soy su amigo y soy caballero.
MUJER.	Adiós, señor.

(Se va la voz.)

DON JUAN.	Se fue la voz. ¿No es magia esto? ¡Me ha llegado el papel por la estafeta° del viento! Estoy seguro que es de doña Ana. Me dan ganas de reír. Mi mayor placer es burlar a una mujer. Por eso toda Sevilla me llama El Burlador. Voy a leerlo... Aquí firma doña Ana, y dice así:

"Mi padre infiel° en secreto me ha casado, sin poderme resistir: no sé si podré vivir, porque la muerte me ha dado.

Si estimas, como es razón,° mi amor y mi voluntad, y si tu amor fue verdad, muéstralo en esta ocasión.

Porque veas que te estimo, ven esta noche a la puerta; que estará a las once abierta, donde tu esperanza, primo, goces,° y el fin de tu amor. Traerás, mi gloria,° por señas° de Leonorilla y las dueñas,° una capa de color.

Mi amor todo de ti fío,° y adiós."[8]

---

reja the grillwork over a window	**como es razón** as you should	**por señas** as proof that it is you
cortés graciously polite	**tu esperanza... goces** your hopes will be fulfilled	**dueñas** ladies of the court
estafeta courier, "mail"	**mi gloria** my dearest	**todo de ti fío** is entirely in your hands
infiel faithless		

[8] "My father has betrayed me. He arranged in secret for me to marry, without my consent. It is impossible for me to disobey him. I cannot go on living. If you love me, as I am sure you do, I beg you to do what I ask. You will not be sorry. I will prove my love for you. Come to my door, dear cousin, at eleven o'clock tonight. You will find the door open. Come inside, and I will fulfill all your hopes. Leonorilla and my maids will know you by your cloak. Wear your crimson cloak, my love. My destiny is in your hands. Farewell."

Don Juan no puede creer que la oportunidad le sea tan propicia.° No sabe que doña Ana ha sido destinada a ser la esposa de Octavio, por el mismo rey Alfonso. Piensa burlarla y engañar al marqués.

⸻ ⸳◆⸳ ⸻

Comprensión

A. Contesta las siguientes preguntas.

1. ¿De qué hablan don Juan y el marqués?
2. ¿Qué quiere Mota? ¿A quién ama?
3. Describe a doña Ana.
4. ¿Por qué no teme Mota que don Juan conozca a doña Ana?
5. ¿Cómo es la relación entre Mota y doña Ana?
6. ¿Qué le sugiere don Juan a Mota?
7. ¿Qué pide la voz de una mujer?
8. Explica lo que dice la carta.
9. ¿Cómo reacciona don Juan?

B. Indica si las siguientes oraciones son ciertas (C) o falsas (F). Corrige la información falsa y cita las palabras o frases de la escena que apoyan la información.

1. Don Juan y el marqués de la Mota no conocen a muchas mujeres sevillanas.
2. Hablan muy respetuosamente de las sevillanas que conocen.
3. Doña Ana es pariente del marqués.
4. Don Juan es un fiel amigo del marqués.
5. Doña Ana le da un mensaje a don Juan para su padre.
6. Don Juan se entera de que doña Ana va a ser su esposa.

C. ¿Qué opinas?

¿Qué piensas de la amistad entre el marqués y don Juan? Comparte tus ideas con tus compañeros de clase.

---

propicia favorable

III

Don Juan se promete burlar a doña Ana

Don Juan se promete hacer un engaño similar al de Isabela. Llega Catalinón, y don Juan le dice que hará una burla nueva. Catalinón censura a don Juan.

DON JUAN.	Tenemos que hacer mucho esta noche.
CATALINÓN.	¿Hay una burla nueva?
DON JUAN.	Extremada.
CATALINÓN.	No lo apruebo. El que vive burlando, terminará burlado. Pagará así todos sus pecados de una vez.[1]
DON JUAN.	Impertinente, ¿te has vuelto° predicador?°
CATALINÓN.	La razón hace al valiente.[2]
DON JUAN.	El temor hace al cobarde.[3] El sirviente nada dice y todo hace. Acuérdate del dicho: "Quien más hace más gana".[4] La próxima vez te despediré.°
CATALINÓN.	De aquí en adelante haré lo que mandes. A tu lado forzaré° a un tigre o a un elefante.
DON JUAN.	Calla, que viene el marqués de la Mota.

Regresa el marqués de la Mota y don Juan le da el mensaje de doña Ana. Le advierte que deberá llevar puesta su capa roja, pero cambia la hora de la cita amorosa de las once a las doce de la noche.

MOTA.	¡Ay, amigo! Mi esperanza renació° en ti. Quiero abrazar tus pies.[5]
DON JUAN.	¡Ana no está en mis pies!

---

te has vuelto have you turned into	**predicador** preacher **te despediré** I will fire you	**forzaré** I will subdue **renació** was born again

[1] *Pagará así todos sus pecados de una vez:* This resembles a Biblical reference: "He who lives by the sword shall die by the sword" (Matthew 26:52; Revelation 13:10).

[2] *La razón hace al valiente* is a saying similar to the English "Might makes right."

[3] *El temor hace al cobarde:* literally, "Fear makes the coward."

[4] *Quien más hace más gana:* This saying comes from the "Parable of the Talents" (Matthew 25:14–30) and the "Parable of the Pounds" (Luke 19:11–27).

[5] Mota's reaction is ridiculously exaggerated.

| MOTA. | ¡Estoy loco! ¡Vamos, amigos! |
| DON JUAN. | (*Aparte.*) Sé que estás loco, pero a las doce, ¡harás mayores locuras! |

Don Diego expulsa de Sevilla a su hijo don Juan por orden del rey

DON DIEGO.	Mira, Juan, que Dios te permite hacer estas cosas, pero acuérdate de que su castigo no tardará, porque hay castigo para los que profanan su nombre con juramentos. Dios es un juez severo en la muerte.[6]
DON JUAN.	¿En la muerte? ¿Tan largo me lo fiáis? De aquí a la muerte hay gran jornada.°[7]
DON DIEGO.	La jornada te parecerá muy corta.[8]

Don Diego, con lágrimas en los ojos, destierra a su hijo a Lebrija por todas sus malas acciones. Le dice que deja su castigo a Dios. Se va don Diego, y don Juan, insolente, se mofa diciéndole a Catalinón que llorar es condición propia de los viejos. Catalinón le llama a don Juan langosta de las mujeres,[9] y el burlador de España. Estos epítetos° agradan mucho a don Juan.

———➤◆◆———

---

gran jornada a long way   **epítetos** nicknames, epithets

[6] Don Juan's greatest offense is his presumption that God's mercy can be taken for granted.

[7] Don Juan exemplifies the hedonistic enjoyment of life's pleasures expressed in the Latin phrase *Carpe diem* ("Seize the day"). This attitude was typical of the seventeenth century (the Baroque or Decadent period).

[8] Don Diego is an old man and knows life is short.

[9] *langosta de las mujeres:* "locust to all women." In the Old Testament, God sent plagues to punish the sins of nations and tribes (Exodus 10:1–20; Joel 1:4). Similarly, Don Juan punishes his victims, who are sinful. Don Juan, according to Catalinón, is the instrument of God's punishment.

Comprensión

A. Contesta las siguientes preguntas.

1. ¿Qué nuevo plan tiene don Juan?
2. ¿Cómo reacciona Catalinón?
3. Explica el mensaje que le da don Juan a Mota.
4. ¿Con qué razones expulsa de Sevilla don Diego a don Juan?
5. ¿Con qué epítetos llama Catalinón a don Juan?

B. Indica si las siguientes oraciones son ciertas *(C)* o falsas *(F)*. Corrige la información falsa y cita las palabras o frases de la escena que apoyan la información.

1. Catalinón critica el comportamiento de don Juan.
2. Catalinón cree que don Juan no merece el castigo de Dios.
3. Don Juan le comunica al marqués el mensaje que le dio doña Ana pero cambia un detalle.
4. Don Juan estima mucho a su padre.
5. Don Diego expulsa a su hijo con remordimiento.

C. ¿Qué opinas?

1. ¿Cuáles son las advertencias que don Diego y Catalinón le hacen a don Juan? ¿Cómo responde don Juan a estos consejos? ¿Quién tiene razón? Discute con tus compañeros de clase las actitudes de los tres hombres.
2. "El sirviente nada dice y todo hace." ¿Por qué crees que Catalinón no busca otro empleo? ¿Crees que no volverá a criticar a don Juan? Explica tus respuestas.

IV
———
**Don Juan fracasa en su burla a doña Ana, y mata a don
Gonzalo**

Esta noche el marqués de la Mota está festejando por la calle con unos
músicos que están cantando una canción.

MÚSICOS.	*El que un bien gozar espera,* *cuando espera desespera.*[1]
MOTA.	¡Ay, qué noche tan espantosa y fría![2] Ojalá ya fueran las doce de la noche, para ver a mi Ana... Oigo voces... ¿Quién va?
DON JUAN.	¡Amigo!
MOTA.	¿Eres don Juan?
DON JUAN.	Sí, marqués. Te reconocí por tu capa roja.
MOTA.	Músicos, canten, pues llegó don Juan.
MÚSICOS.	*El que un bien gozar espera,* *cuando espera desespera.*
DON JUAN.	¿Qué casa miras, marqués?[3]
MOTA.	La casa de mi prima, doña Ana.
DON JUAN.	¿Qué hacemos esta noche?
MOTA.	Vamos de parranda.°
DON JUAN.	Yo quiero hacer una burla.
MOTA.	Pues, cerca de aquí me espera Beatriz.
DON JUAN.	Marqués, permíteme ir en tu lugar. ¡Te prometo que la burlaré!
MOTA.	Bien, usa mi capa ropa. Imita mi voz, y cuando

Vamos de parranda. Let's
    party.
[1] "For one who waits in anticipation, the passing of time is a source of desperation."
[2] The night seems to predict tragic events. Mota notices the evil omens.
[3] Here Don Juan discovers the location of Doña Ana's home.

llegues a su celosía,° llámala, B-e-a-t-r-i-z. Ella creerá que soy yo. ¡Ja, ja, ja!... Te esperaré luego en las gradas de la Catedral.

DON JUAN. Adiós, marqués.

Don Juan y Catalinón no van donde Beatriz sino a la casa de doña Ana. Son las once de la noche. Entra don Juan en la alcoba de doña Ana, vestido con la capa roja del marqués. Ella lo descubre y grita.

ANA. ¡Falso, no eres el marqués! Tú me has engañado.

DON JUAN. Te digo que soy el marqués.

ANA. ¡Fiero° enemigo, mientes, mientes!

(Entra don Gonzalo con la espada desenvainada.)°

DON GONZALO. ¡Es la voz de mi hija Ana!

ANA. ¿No hay quien mate a este traidor?

DON GONZALO. ¡Qué atrevimiento tan grave!

ANA. ¡Mátalo!

DON JUAN. ¿Quién está aquí?

DON GONZALO. ¡La torre de mi honor que derribaste!°

DON JUAN. ¡Déjame pasar!

DON GONZALO. ¿Pasar? Por la punta° de esta espada.

DON JUAN. Morirás.

DON GONZALO. No me importa nada.

DON JUAN. ¡Mira, que voy a matarte!

(Don Juan hiere mortalmente a don Gonzalo.)

DON GONZALO. ¡Ay, me has herido!

DON JUAN. Tú así lo quisiste.

DON GONZALO. Muero ahora, pero mi furia te seguirá después de mi muerte, porque eres un traidor, y el traidor es traidor porque es cobarde.

---

celosía Venetian blind
Fiero Cruel

desenvainada unsheathed
derribaste you demolished

punta tip

Don Juan mata a don Gonzalo, quien al morir le promete que su furor lo seguirá después de la muerte. Don Juan huye.

———◆◆◆———

Comprensión

A. Contesta las siguientes preguntas.

1. ¿Qué hace Mota esa noche?
2. ¿Cómo reconoce don Juan a Mota?
3. ¿Cómo sabe don Juan en qué casa vive doña Ana?
4. ¿Qué quiere hacer esa noche don Juan?
5. ¿Por qué quiere ir don Juan en lugar de Mota a casa de Beatriz?
6. ¿Adónde van don Juan y Catalinón?
7. ¿Por qué fingió ser Mota don Juan?
8. ¿Qué quiere doña Ana que haga su padre?
9. ¿Por qué no le importa morir a don Gonzalo?
10. ¿Qué promesa hace don Gonzalo al morir?

B. ¿Qué opinas?

1. Si fueras don Gonzalo, ¿qué habrías hecho tú al descubrir a don Juan con doña Ana? Explica tu respuesta.
2. ¿Por qué le dice don Gonzalo a don Juan que es "la torre de mi honor que derribaste"? ¿Qué piensa don Gonzalo que ocurrió? ¿Crees que lo que hacen los hijos puede aumentar or disminuir el honor de los padres? Comparte tus ideas con tus compañeros de clase.

V

Don Diego acusa al marqués de la Mota de haber matado a don Gonzalo

El marqués espera, impaciente, su capa roja. Se acercan las doce de la noche. Es la hora de la cita con doña Ana. El marqués no puede ir sin su capa roja.

MOTA.	¡Don Juan se demora° mucho! Muy pronto serán las doce.
	(*Entra don Juan.*)
MOTA.	¿Eres don Juan?
DON JUAN.	Yo soy. Aquí te devuelvo tu capa.
MOTA.	¿Qué tal la aventura?
DON JUAN.	Fue funesta.° Hubo un muerto.
MOTA.	¡Burlaste a Beatriz?
DON JUAN.	Sí, burlé.[1]
CATALINÓN.	(*Aparte.*) Y te ha burlado también a ti.
DON JUAN.	La burla resultó muy cara.
MOTA.	Don Juan, yo la tendré que pagar porque Beatriz me culpará a mí...
DON JUAN.	Adiós, marqués.

El marqués responde con angustia° que él mismo tendrá que pagar cara la burla porque Beatriz probablemente reconoció la capa roja. Don Juan se despide y huye con Catalinón. El marqués, una vez solo, escucha voces que se lamentan.

VOCES.	(*Dentro.*) ¿Se vio desdicha mayor, se vio mayor desgracia?

---

se demora is delaying   **con angustia** with anguish,
funesta fatal   distress

[1] *Sí, burlé*: Notice that Don Juan does not use the direct object pronoun *la*; therefore, he says merely, "I deceived," instead of "I deceived her."

MOTA.	Oigo voces en la plaza del Alcázar.² ¿Qué podrá ser a estas horas? ¿Por qué habrá tantas antorchas° encendidas en la casa de don Gonzalo? ¡Siento que se me hiela el corazón!

(Entra don Diego con guardas.)

DON DIEGO.	¡Alto!° ¿Quién va?
MOTA.	El marqués de la Mota. Quiero saber la causa de tanto ruido y alboroto.°
DON DIEGO.	¡Guardas, aprésenlo!³
MOTA.	¿Hablan así al marqués de la Mota?
DON DIEGO.	El rey me ordena prenderte. Dame tu espada.
MOTA.	¡Dios mío!

(Entran el rey y su acompañamiento.)

REY.	¡No hay lugar donde el criminal se pueda esconder!
DON DIEGO.	Señor, aquí está el culpable.
MOTA.	¿Vuestra Alteza manda que me apresen a mí?
REY.	Llévenlo y pongan su cabeza en una escarpia.°
MOTA.	Me espanta el enojo del rey. No sé por qué me llevan preso.
DON DIEGO.	Tú lo sabes mejor que nadie.
MOTA.	¡Esta es una confusión extraña!⁴
REY.	Fulmínese° el proceso,° y mañana córtenle la cabeza al marqués. Y a don Gonzalo de Ulloa entiérrenlo con la solemnidad y grandeza que se da a personas

---

antorchas torches
¡Alto! Stop!

alboroto disturbance, hoopla
escarpia spike

Fulmínese Do it lightning fast
proceso trial (*law*)

² The *plaza del Alcázar* is the square in front of the famous Moorish castle, *El Alcázar*, which is one of the historical and architectural high points of Seville.

³ Evidently, Doña Ana did not know Don Juan personally. However, Leonorilla and other females in the household were instructed to let Mota in the house if they saw his red cape. In the confusion, Doña Ana never explained that the man wearing the red cape was not Mota.

⁴ Mota has no idea of what is happening.

reales y sacras.° Hágase un sepulcro° con una estatua de bronce y piedra labrada. Póngase en su epitafio, en letras góticas, la causa de su venganza. Yo pagaré por todo. ¿Dónde está doña Ana?

DON DIEGO.   Está con la reina.

REY.   Castilla ha de sentir la falta del comendador. La orden de Calatrava llorará su ausencia.

Comprensión

A. Contesta las siguientes preguntas.

1. ¿Por qué no puede ir Mota a su cita con doña Ana?
2. Explica la equivocación de la hora.
3. ¿Qué teme Mota? ¿Por qué se preocupa de lo que piensa Beatriz?
4. ¿Qué exclama la gente en la plaza del Alcázar?
5. ¿Por qué manda don Diego que apresen a Mota?
6. ¿Por qué se espanta Mota?
7. ¿Por qué no sabe Mota lo que ha sucedido?
8. ¿Cómo será el sepulcro de don Gonzalo?
9. ¿Qué siente el rey por la muerte de don Gonzalo?

B. Pon en orden cronológico (1–7) los siguientes acontecimientos de la escena.

___ Don Juan le devuelve la capa roja a Mota.
___ El rey manda que pongan la cabeza de Mota en una escarpia.
___ Mota cree que Beatriz está enojada con él.
___ Los guardas apresan a Mota.
___ El rey describe cómo será el entierro de don Gonzalo.
___ Mucha gente da voces en la plaza.
___ Don Juan se va con Catalinón.

C. ¿Qué opinas?

1. ¿Crees que don Juan quiere que Mota sea acusado de la muerte de don Gonzalo? Explica tu respuesta.

---

sacras sacred

sepulcro burial monument, tomb

2. ¿Qué piensas de la furia del rey por la muerte de don Gonzalo? ¿Crees que el rey se calmará y permitirá que se investigue el asesinato? Comparte tus opiniones con tus compañeros de clase.

3. Imagínate que eres el marqués de la Mota. ¿Qué dirías para defenderte ante el rey? Comparte tus ideas con tus compañeros de clase.

VI

Don Juan interrumpe la boda° de los pastores° Aminta y Batricio

Don Juan y Catalinón huyen hacia Lebrija. Se detienen° en Dos Hermanas,[1] donde se celebra la boda de Batricio y Aminta. Están presentes además, Gaseno, el padre de Aminta, Belisa, pastores y músicos. Cantan:

> *Lindo sale el sol de abril*
> *con trébol y toronjil,*
> *y aunque le sirve de estrella,*
> *Aminta sale más bella.*[2]

GASENO.	Cantáis muy bien. No hay más sones° en los kiries.[3]
BATRICIO.	Tus rayos, Aminta, compiten con el sol de abril.
AMINTA.	¡Gracias, Batricio! Eres falso y lisonjero.° Si tus rayos me das, merezco° ser la luna por ti.

(Entra Catalinón.)

CATALINÓN.	Señores, van a tener un huésped en su boda.
GASENO.	En esta boda habrá un personaje notorio.° ¿Quién viene?
CATALINÓN.	Don Juan Tenorio.
GASENO.	¿El padre?
CATALINÓN.	No ese Tenorio.
BELISA.	Será entonces su hijo, el galán.

---

boda wedding	**sones** songs	**notorio** well-known,
pastores shepherds	**lisonjero** flatterer	famous
Se detienen They stop	**merezco** I deserve	

[1] *Dos Hermanas* is a town situated southeast of Seville. It is approximately halfway between Seville and Lebrija.

[2] "The sun of April is warm and bright, with lemon balm and beautiful clover. Aminta is a star to the sun, and she is even more beautiful."

[3] The Kyrie (*kirie*) is a prayer recited at the beginning of the Catholic mass. In Greek, *Kyrie Eleison* means "Lord, have mercy."

BATRICIO.	Lo tengo por mal agüero.°⁴ Galán y caballero, siento celos. ¿Quién le informó de mi boda?
CATALINÓN.	Estamos pasando de camino a Lebrija.
BATRICIO.	(*Aparte.*) El demonio lo envió. ¡Un caballero en mis bodas! ¡Mal agüero!

Gaseno quiere invitar a todos. Dice que venga el coloso de Rodas,⁵ venga el Papa,° venga el Preste Juan⁶ o el mismo Alfonso Onceno, que verán ánimo y valor en Gaseno.

GASENO.	En la boda habrá montes de pan, Guadalquivires de vino,⁷ Babilonias de tocino,⁸ ejércitos de pollos y palominos.° Venga don Juan a honrar mis viejas canas° hoy en Dos Hermanas.
	(*Entra don Juan Tenorio.*)
DON JUAN.	Al pasar por Dos Hermanas me he enterado de que hay bodas. Quiero disfrutar° esta ocasión.
GASENO.	Vuestra Merced° viene a honrarlas y engrandecerlas.°
BATRICIO.	Yo soy el novio, y son mis bodas. (*Aparte.*) Vienes en mala hora.

---

agüero omen	**canas** gray hairs	**Vuestra Merced** Your
Papa Pope	**disfrutar** to enjoy	Mercy
palominos young doves		**engrandecerlas** exalt them

⁴ Common people at this time were extremely superstitious. In addition, Batricio's instincts are sound; his marriage is in danger.

⁵ *el coloso de Rodas:* The Colossus of Rhodes was a gigantic statue of Apollo, erected at the entrance to the Gulf of Rhodes, in Greece. The ancients considered it one of the seven wonders of the world. The statue eventually collapsed during an earthquake and was destroyed.

⁶ *el Preste Juan:* Prester John was a legendary medieval Christian priest and king of fabulous wealth and power. It was believed that he was a descendant of the Three Magi. According to the legend, he had defeated the Moslem kings of Persia. The kingdom of Prester John was believed to be in the area now known as Ethiopia. Many legends concerning this fabulous king circulated throughout Europe during the Middle Ages. During the sixteenth century (the period of travels and discoveries), many adventurers traveled there and were disappointed because the kingdom lacked the wealth and power described in the legend.

⁷ *Guadalquivires de vino:* The Guadalquivir River is one of Spain's longest. Gaseno pretentiously boasts of having enough wine at the wedding to rival the volume of water in the river.

⁸ *Babilonias de tocino:* "Babylons of bacon" is a reference to the ancient city of Babylon, which was famous in ancient times for its splendor and luxury. Any place distinguished by material wealth and comfort was called "Babylon."

GASENO.	Muévete, Batricio, deja que se siente a la mesa don Juan.
DON JUAN.	Con tu permiso, Batricio, quiero sentarme junto a la novia.
BATRICIO.	Si te sientas junto a ella, señor, serás tú el novio.
DON JUAN.	Eso no estaría mal.
GASENO.	Señor, es el lugar de Batricio...
DON JUAN.	Pido perdón por mi ignorancia.
CATALINÓN.	*(A don Juan.)* ¡Pobre novio!
DON JUAN.	Está corrido.°
CATALINÓN.	Ya lo vi. El pobre tiene que ser toro° porque será corrido.⁹ Pobre Batricio, has caído en las manos de Lucifer.
DON JUAN.	Aminta, tengo mucha suerte de sentarme junto a ti. Siento envidia de Batricio.
AMINTA.	Parece que eres lisonjero.
BATRICIO.	Bien dije, ¡un caballero en mis bodas! ¡Mal agüero!
GASENO.	Vamos a almorzar, para que después pueda descansar don Juan.
	(Don Juan toma la mano a Aminta.)
DON JUAN.	¿Por qué la escondes?°
AMINTA.	Di mi mano a Batricio.¹⁰
GASENO.	Vamos.
DON JUAN.	*(A Catalinón.)* ¿Qué dices de esto?
CATALINÓN.	Digo que vamos... a morir en manos de estos villanos.°¹¹

---

corrido embarrassed (made to run like a bull)	**toro** bull; cuckold **escondes** hide, take away	**villanos** peasants

⁹ Batricio's impending cuckoldry is alluded to with the sign of the horns and the play on words: "the bull in a bullfight" (*toro corrido*).

¹⁰ *Di mi mano a Batricio:* Aminta and Batricio have taken their marriage vows before witnesses, but their marriage has not yet been consummated. Don Juan wants to lead Aminta by the hand, as a good courtier. However, she immediately understands his intentions and does not lead him on, as Tisbea did.

¹¹ The forewarning of death is frequently expressed by Catalinón.

Don Juan toma la mano de Aminta para llevarla al almuerzo. Catalinón teme que los pastores los maten a él y a don Juan. Batricio, angustiado, repite: "En mis bodas caballero, ¡mal agüero!" Y siente morirse.

Comprensión

A. Contesta las siguientes preguntas.

1. ¿Quiénes son Gaseno, Aminta y Batricio?
2. ¿Qué dice Aminta de las lisonjas de Batricio?
3. ¿Quién invitó a las bodas a don Juan y a Catalinón?
4. ¿Qué le manda hacer Gaseno a Batricio?
5. ¿Cuál es la "ignorancia" de don Juan?
6. ¿Le corresponde Aminta a don Juan?
7. ¿Qué teme Catalinón?

B. Indica si las siguientes oraciones son ciertas (C) o falsas (F). Corrige la información falsa y cita las palabras o frases de la escena que apoyan la información.

1. Don Juan fue invitado a la boda en Dos Hermanas por el padre del novio.
2. El novio es un gran amigo de don Juan.
3. Gaseno está orgulloso de la boda.
4. Gaseno aparentemente no conoce la mala fama de don Juan.
5. Catalinón se sorprende de que don Juan se porte decentemente en la boda.

C. ¿Qué opinas?

1. Don Juan acaba de matar a don Gonzalo en Sevilla. ¿Qué piensas del comportamiento de don Juan en Dos Hermanas? Explica tu respuesta.
2. ¿Qué habrías hecho tú si fueras Batricio o Aminta? Compara tus ideas con las de tus compañeros de clase.
3. ¿Qué crees que va suceder en la última jornada de la comedia? Explora las posibilidades con tus compañeros de clase.

Antes de leer: *¿Qué significa para ti el dicho "Ojo por ojo, diente por diente"? ¿Crees que es cierto? ¿Qué crees que le va a pasar a don Juan en esta última jornada? ¿Crees que él se arrepentirá? ¿Por qué?*

JORNADA TERCERA

I

Don Juan burla a Aminta

Los celos cómicos de Batricio

BATRICIO.	Ya no puedo sufrir más. Supongo que después de la cena, vendrá don Juan a dormir con nosotros. Y si yo llego a mi mujer, él me dirá "¡Grosería,° grosería!"... Ya viene don Juan... Quiero esconderme, pero ya me vio.[1]
	(Entra don Juan.)
DON JUAN.	Batricio.
BATRICIO.	¿Qué manda vuestra merced?
DON JUAN.	Quiero que sepas algo muy importante.
BATRICIO.	*(Aparte.)* ¿Qué puede ser sino otra desdicha mía?
DON JUAN.	Batricio, hace muchos días declaré mi amor a Aminta. Le di mi alma.
BATRICIO.	¿Y su honor?
DON JUAN.	Me lo dio.
BATRICIO.	*(Aparte.)* Esto prueba lo que yo sospechaba.[2]

Grosería Crude, ill-mannered thing

[1] Batricio is a foolish country bumpkin and a ready source of humor. His main concern is his honeymoon night.

[2] Batricio is quick to suspect the worst of Aminta. Octavio suspected Isabela in the same way.

Don Juan.	Aminta, viéndose olvidada de mí, para darme celos quiso casarse contigo. Entonces, desesperada, me escribió esta carta³ llamándome. Batricio, sálvate,° porque mataré a quien me lo impida.°
Batricio.	Si es mi elección, quiero darte gusto. Gózala,° señor, mil años. Yo no quiero vivir con engaños.

Se va Batricio, y don Juan se jacta° de haberlo vencido con el honor. Dice también que los villanos tienen su honor en las manos° y siempre hacen lo que más les conviene.⁴ Luego, don Juan engaña a Gaseno, pidiéndole la mano de su hija. Gaseno la concede con toda la inocencia; finalmente, el burlador burla a Aminta.

Don Juan.	Gaseno, gracias por la mano de tu hija, y queda con Dios.⁵
Gaseno.	Quisiera acompañarte para dar las buenas nuevas a Aminta.
Don Juan.	Ya habrá más tiempo mañana.
Gaseno.	Muy bien, hasta mañana. Te doy mi hija, y con ella, mi alma. *(Se va Gaseno.)*
Don Juan.	¡Di más bien mi esposa, ja, ja, ja! Catalinón, ensilla los caballos, para salir al reír del alba.° Mañana estará muerta de risa el alba.⁶

---

sálvate save yourself	**se jacta** boasts	**reír del alba** break of dawn
impida stop, hinder	**honor en las manos** honor	
Gózala Enjoy her	on their hands (not in their hearts)	

³ Some lapse of time occurs here. Peasant weddings lasted up to three days at this time. Batricio, of course, cannot read or write. It is improbable that Aminta could either. The situation, thus, is comical.

⁴ Don Juan expresses his scorn toward these peasants who are concerned for their honor. Peasants thought of honor, not in terms of virtue and integrity, but as the way in which the individual was perceived by others. However, in several Golden Age plays, proud peasants do consider honor as personal virtue.

⁵ Gaseno's vanity prevents him from understanding what is going on. Given the differences in social standing, this is an impossible marriage. Gaseno thinks that Aminta is, in fact, worthy of Don Juan.

⁶ *...al reír del alba... estará muerta de risa el alba:* "At the smile of dawn" was a common expression at this time. Don Juan jokes cynically saying that dawn literally will be dying of laughter because of the deceit.

CATALINÓN.	Señor, en Lebrija nos espera otra boda.⁷ Vamos pronto. ¡Ojalá salgas bien!°
DON JUAN.	Mi padre, don Diego, es dueño° de la justicia y camarero mayor del rey. ¿Qué temes?
CATALINÓN.	Dios toma venganza no sólo de los culpables sino también de sus compañeros. Eso me pasará a mí.
DON JUAN.	Apresúrate.° Ensilla. Mañana iremos a Sevilla.⁸
CATALINÓN.	Mira, señor, el rey te desterró a Lebrija. Mira que hay castigo, pena y muerte.
DON JUAN.	Si tan largo me lo fiáis, haré más burlas. Vete, Catalinón, porque me amohinas° con tus temores extraños.

Don Juan engaña a Aminta

Es la medianoche y don Juan mira la constelación de Pléyades⁹ y siente ansias de estar con la novia. Llega a la casa de Aminta.

AMINTA.	¿Quién llama a Aminta? ¿Es mi Batricio?
DON JUAN.	No soy tu Batricio.
AMINTA.	Pues, ¿quién eres?
DON JUAN.	Mira despacio, Aminta, quién soy.
AMINTA.	¡Ay de mí! ¡Estoy perdida! ¿En mi alcoba, don Juan, a estas horas?
DON JUAN.	Estas son las horas mías.¹⁰

¡Ojalá salgas bien! I hope that you come out well!	**dueño** master **Apresúrate.** Hurry.	**amohinas** annoy

⁷ The events of the play do not indicate that Don Juan knew about the King's order to marry Isabela.

⁸ Don Juan disobeys a direct order from his King. He will not go to Lebrija, but will return to Seville.

⁹ In Greek mythology, the Pleiades were the seven daughters of Atlas and Pleione. Pursued by the god Orion, they fled. Orion continued his pursuit unsuccessfully until Zeus set the sisters in heaven as a group of stars, or constellation. Even today, Orion, as a constellation himself, continues to pursue the Pleiades in the heavens, still unsuccessfully.

¹⁰ Don Juan, like the devil, walks at midnight. This is another allusion to Don Juan as a satanic figure.

Mira despacio, Aminta, quién soy.

AMINTA.	¡Sal de aquí, o daré voces! Ve que hay Lucrecias[11] vengativas también en Dos Hermanas.
DON JUAN.	¡Escúchame dos palabras!
AMINTA.	Vete, que vendrá mi esposo Batricio.
DON JUAN.	Yo soy ahora tu esposo.
AMINTA.	¿Quién lo ha tratado?
DON JUAN.	Mi dicha.°
AMINTA.	¿Quién nos casó?
DON JUAN.	Tus ojos.[12]
AMINTA.	¿Con qué poder?
DON JUAN.	Con la vista.
AMINTA.	¿Lo sabe Batricio?
DON JUAN.	Sí, y ya te ha olvidado.
AMINTA.	¿Ya me ha olvidado?
DON JUAN.	Sí, y yo te adoro.
AMINTA.	¿Cómo?
DON JUAN.	Con mis dos brazos.
AMINTA.	¡Qué gran mentira!
DON JUAN.	Escúchame, Aminta, y sabrás la verdad. Yo soy noble caballero, de los Tenorio, quienes ganaron a Sevilla de los moros.[13] Mi padre en la corte es segundo solamente al rey Alfonso. Tiene en sus labios el poder de vida o muerte. Cuando te vi por primera vez, te adoré. Contigo me casé. Y aunque el rey se oponga, y

---

Mi dicha. My good fortune.

[11] Lucretia (*Lucrecia*) was the wife of Collatinus. When assaulted by the Roman Emperor Sextus Tarquinus, she committed suicide. Lucretia was often mentioned in classically influenced literature as the epitome of marital fidelity.

[12] Don Juan states that Aminta's eyes wed them, not a priest.

[13] *los moros:* The Moors invaded Spain in 711 and were finally expelled in 1492. Seville was one of the last Moorish strongholds to fall to Christian armies.

aunque mi padre trate de impedirlo, tengo que ser tu
esposo. ¿Qué respondes?

AMINTA.	No sé qué decir. Tal vez tus palabras sean mentiras. Estoy casada con Batricio y no está disuelto el matrimonio.
DON JUAN.	Si no ha sido consumado, puede anularse.
AMINTA.	Todo era sencillo con Batricio.
DON JUAN.	Dime que sí, dándome tu mano.
AMINTA.	¿No me engañas? Pues jura que cumplirás tu palabra.
DON JUAN.	Juro a tu bella mano[14] que cumpliré mi palabra.
AMINTA.	Jura a Dios que te maldiga si no la cumples.
DON JUAN.	Si te falta mi palabra, ruego a Dios que me mate un hombre... (aparte) muerto. ¡Dios te guarde,° no vivo, ji, ji![15]
AMINTA.	Pues con ese juramento, soy tu esposa.

Don Juan le promete plata, oro, collares, sortijas y perlas finas. Aminta lo
llama su esposo, y le dice que es suya. Don Juan se jacta (aparte): "¡Qué
mal conoces al burlador de Sevilla!"

━━━◆◆◆━━━

Comprensión

A. Contesta las siguientes preguntas.

1. ¿Qué supone Batricio?
2. ¿Qué explica don Juan a Batricio? ¿Le dice la verdad o una mentira?
3. ¿Siente un amor verdadero Batricio por Aminta?
4. ¿Qué piensa don Juan del honor de los villanos?
5. ¿Cómo engaña don Juan a Gaseno?
6. ¿Qué dice Catalinón de la venganza de Dios?

Dios te guarde May God
keep you

[14] Don Juan swears this time to Aminta's hand, not to her person, again implying his lack
of seriousness.

[15] Don Juan will indeed be killed at the hands of a dead man.

7. ¿Cómo reacciona Aminta al reconocer a don Juan?

8. ¿Cuál es la gran mentira que don Juan le cuenta a Aminta?

9. ¿Qué jura don Juan en el aparte?

10. ¿Por qué cambia el amor de Aminta rápidamente de Batricio a don Juan?

B. Indica si las siguientes oraciones son ciertas (C) o falsas (F). Corrige la información falsa y cita las palabras o frases de la escena que apoyan la información.

1. Don Juan le dice a Batricio que hace tiempo que conoce a Aminta.

2. Batricio, creyendo las mentiras que le dijo don Juan, termina pensando que Aminta lo rechaza.

3. Gaseno se niega a concederle la mano de su hija a don Juan.

4. Las intenciones de don Juan hacia Aminta son sorprendentemente nobles.

5. Don Juan y Catalinón piensan ir a Lebrija el día siguiente.

C. ¿Qué opinas?

1. ¿Qué opinas del comportamiento de los siguientes personajes: Gaseno, Aminta, Batricio, Catalinón? Comparta tus opiniones con tus compañeros de clase.

2. ¿Crees que don Juan ama a Aminta de verdad? Explica tu respuesta.

3. ¿Crees que don Juan es el demonio? ¿Ha sentido algún remordimiento por sus acciones? Cita ejemplos de la obra para apoyar tu respuesta.

II

Cambia la suerte de don Juan

Isabela llega a España y se entera de la burla a Tisbea

La galera de la duquesa Isabela encuentra un fuerte huracán y se refugia°
en Tarragona.[1] La duquesa viene a casarse con don Juan Tenorio por
orden del rey de Nápoles. Isabela se siente triste porque perdió su honor.
Ve en la playa a una bella pescadora quien suspira, se lamenta y llora tiernamente.° Es Tisbea quien le confía su mal.

ISABELA.	¿Por qué lamentas al mar tan tiernamente, hermosa pescadora?
TISBEA.	Doy al mar mil quejas.° ¡Dichosa tú, porque no tienes cuidados y te ríes del mar!
ISABELA.	Yo también tengo quejas para el mar. ¿De dónde eres?
TISBEA.	Soy de esas tristes cabañas que puedes ver en la playa. Y tú, ¿eres Europa llevada por estos blancos toros?[2]
ISABELA.	Me llevan, contra mi voluntad, a casarme en Sevilla.
TISBEA.	Llévame contigo y te serviré como humilde esclava. Quiero pedir justicia al rey de un cruel engaño: naufragó aquí don Juan Tenorio. Lo salvé, lo hospedé y él juró ser mi esposo. Me burló y huyó de mí. ¡Pobres las mujeres que confían en los hombres! ¿Crees que es justa mi venganza?
ISABELA.	¡Calla, mujer maldita! ¡Vete de mi presencia! Mas, no,... no es tu culpa... Te llevaré conmigo. ¿Quién

---

se refugia takes refuge   **tiernamente** tenderly   **mil quejas** many sorrows

[1] Notice the role that coincidence plays once again. Don Juan and Isabela both run into bad weather, and both end up in Tarragona.

[2] In classical mythology, Europa, the daughter of the King of Phoenicia, was carried away by Jupiter (Zeus), who took on the form of a white bull. Jupiter abandoned Europa on the coast of Tarragona, as Isabela is now abandoned there. Tisbea may also be referring to the oxen that pulled large ships onto the shores at Spanish ports.

	más vendrá contigo?
TISBEA.	Anfriso, mi pretendiente,° que es testigo de mis males.
ISABELA.	Ven conmigo. (*Aparte.*) Mi venganza será perfecta.

Don Juan desobedece la orden real y regresa a Sevilla

CATALINÓN.	¡Todo está en mal estado!
DON JUAN.	¿Cómo?
CATALINÓN.	Octavio ya sabe que tú burlaste a Isabela. El de la Mota ya se enteró que cambiaste la hora del encuentro con su prima, y vestiste su capa roja para tratar de engañarla. Dicen que ya llega a Sevilla Isabela para casarse contigo. Dicen...
DON JUAN.	¡Calla! (*Le da un bofetón*° *en la boca a Catalinón.*)
CATALINÓN.	¡Me has roto una muela!°
DON JUAN.	Hablador, ¿quién te ha dicho tanto disparate?°
CATALINÓN.	Es la verdad, señor.
DON JUAN.	No te pregunto si es verdad. ¿Octavio me quiere matar? ¿No tengo yo manos? ¿Estoy muerto? Catalinón, ¿dónde me alquilaste° posada?°
CATALINÓN.	En una hospedería,° en una calle bien oculta.°
DON JUAN.	Bien.
	(*Entran casualmente en una iglesia.*)
CATALINÓN.	¡La iglesia es un lugar sagrado!
DON JUAN.	Di, Catalinón, que me den aquí muerte, pero de día.³ ¿Has visto a Batricio?
CATALINÓN.	Lo vi muy triste.

---

pretendiente suitor
Le da un bofetón He punches him
muela tooth

disparate foolishness
alquilaste did you rent, reserve

posada lodging
hospedería inn
oculta out of the way

³ *muerte, pero de día:* Don Juan may be concerned with his own salvation.

Don Juan.	Aminta no se dará cuenta del chiste todavía. Ya son dos semanas.
Catalinón.	Está engañada. Se cree ya tu esposa y se llama doña Aminta.

Don Juan y Catalinón caminan y miran dentro de la iglesia.

Comprensión

A. Contesta las siguientes preguntas.

1. ¿Qué le relata Tisbea a Isabela?
2. ¿Cómo reacciona inicialmente Isabela? ¿Por qué?
3. ¿Dónde están don Juan y Catalinón?
4. Según Catalinón, ¿por qué están en mal estado las cosas?
5. ¿Por qué entran Catalinón y don Juan en una iglesia?
6. Según don Juan y Catalinón, ¿qué piensa Aminta?

B. Indica si las siguientes oraciones son ciertas (C) o falsas (F). Corrige la información falsa y cita las palabras o frases de la escena que apoyan la información.

1. La duquesa Isabela y Tisbea se encuentran en una galera.
2. La duquesa está contenta porque va a ser la esposa de don Juan.
3. Tisbea llora por los daños hechos por el huracán.
4. Octavio se ha enterado de la burla de don Juan con Isabela.
5. El marqués de la Mota se ha enterado de la traición de don Juan.
6. Aminta se ha enterado del engaño de don Juan.

C. ¿Qué opinas?

1. ¿Qué te parece lo que dice Tisbea: "¡Pobres las mujeres que confían en los hombres!"? Discute esta actitud con tus compañeros de clase.
2. ¿Cómo crees que llevará a cabo su venganza Isabela? Explica tu respuesta.
3. ¿Qué crees que le pasará a don Juan en las próximas escenas? Explora las posibilidades con tus compañeros de clase.

III
Don Juan invita burlonamente° a cenar a la estatua de don Gonzalo

Don Juan y Catalinón se pasean dentro de una iglesia de Sevilla. Descubren casualmente la capilla con el sepulcro de don Gonzalo de Ulloa, con su estatua encima.

CATALINÓN.	¡Aquí está enterrado don Gonzalo de Ulloa!
DON JUAN.	Es él a quien yo maté. ¡Le han hecho un gran sepulcro!
CATALINÓN.	Pues, así lo ordenó el rey. ¿Qué dice ese epitafio?
DON JUAN.	*Aquí aguarda del Señor,* *el más leal caballero,* *la venganza de un traidor.*[1] ¡Me da risa el mote° que me da... de traidor! (*Le habla en chanza° a la estatua.*) ¿Y vas a vengarte, buen viejo, de barbas de piedra? (*Le mesa° la barba.*)[2]
CATALINÓN.	No puedes pelarlas° porque son de piedra.
DON JUAN.	Buen viejo, te invito a cenar esta noche en mi posada. Allí haremos el desafío, si quieres venganza. Aunque no podremos reñir,° porque tu espada es de piedra.
CATALINÓN.	¡Señor, vamos a casa! ¡Ya anochece![3]
DON JUAN.	Buen viejo, tu venganza ha sido larga... Si quieres vengarte de mí, no debes estar dormido. Muerto no podrás tomar venganza. Tan largo me lo fiáis.

---

burlonamente mockingly   **en chanza** jokingly   **pelarlas** pluck them
mote nickname   **mesa** pulls at, tears at   **reñir** to fight

[1] Don Gonzalo's epitaph contains a challenge to a duel with Don Juan: "Here lies buried a loyal gentleman, to whom God has promised vengeance on an evil traitor!"

[2] *Le mesa la barba:* The pulling of a man's beard was a great insult. There are frequent references to this offense to dignity in medieval Spanish literature. El Cid pulled the beard of García Ordóñez, causing serious difficulties.

[3] Catalinón is very frightened.

La estatua acepta la invitación de don Juan

Esa noche se producen episodios fantásticos. En la hospedería de don Juan, ponen la mesa° sus criados. Don Juan se sienta a la mesa y escuchan todos un golpe espantoso en la puerta. Catalinón está trémulo° de miedo. Don Juan manda a un criado a ver quién es. Éste regresa corriendo lleno de miedo y no puede hablar.

DON JUAN.	¡No puedo resistir mi cólera! Ve tú, Catalinón.
CATALINÓN.	¿Yo, señor?
DON JUAN.	Ve. Muévete.
CATALINÓN.	A mi abuela hallaron ahorcada, y desde entonces creo que es su alma en pena.° ¡Señor, tú bien sabes que soy un Catalinón!⁴
DON JUAN.	Ve. Muévete.
CATALINÓN.	¡Hoy muere Catalinón! ¿Y si son las mujeres que burlaste que vienen a vengarse de los dos?

Catalinón finalmente abre la puerta, ve y regresa corriendo; se cae y se levanta diciendo incoherencias.

CATALINÓN.	¡Válgame Dios! ¡Me matan! ¡Me tienen!
DON JUAN.	¿Quién te mata? ¿Quién te tiene?
CATALINÓN.	Señor, yo allí vide,° luego fui... —¿Quién me ase?° Llegué, cuando... después, ciego... Cuando vile,° juro a Dios°... Habló y dijo: ¿Quién eres tú? Respondió, respondí... luego... Topé° y vide...⁵
DON JUAN.	¡Cómo emborracha el vino!°⁶ Dame esa vela, gallina. Yo mismo voy a ver quién llama.

---

ponen la mesa set the table	**vide** I saw	**Topé** I bumped into him
trémulo trembling	**ase** grabs me	**¡Cómo... vino!** How wine gets one drunk!
es su alma en pena her soul is in sorrow	**vile** I saw him	
	juro a Dios I swear to God	

⁴ Catalinón invents the absurd story of his grandmother's suicide to delay going to the door. If his grandmother had indeed committed suicide, according to the Church, her soul would have been damned. Catalinón is actually concerned with saving his own skin.

⁵ Catalinón, in a panic, speaks archaic Spanish and gibberish.

⁶ *¡Cómo emborracha el vino!*: Don Juan assumes that Catalinón is drunk.

Toma don Juan una vela y llega a la puerta; ve allí a la estatua de don Gonzalo. Don Juan se retira turbado, empuñando su espada en una mano y la vela en la otra. La estatua camina hacia don Juan con pasos menudos,° y al compás. Don Juan se retira.

DON JUAN.	¿Quién es?
DON GONZALO.	S-o-y y-o.
DON JUAN.	¿Quién eres tú?
DON GONZALO.	Soy el caballero honrado a quien convidaste° a cenar.
DON JUAN.	Habrá cena para los dos, y si vienen más contigo, también cena habrá para todos. La mesa ya está puesta. Siéntate.

Catalinón hace preguntas cómicas a la estatua

Se sientan a la mesa don Juan y la estatua de don Gonzalo. Catalinón trata de mostrarse sereno como su señor y gasta bromas° a la estatua. Ésta responde a sus preguntas festivas con signos de la cabeza. Don Juan, enfadado, le manda sentarse a Catalinón.

DON JUAN.	Siéntate, Catalinón.
CATALINÓN.	No, señor, lo recibo por cenado.°
DON JUAN.	¿Por qué temes a un muerto?
CATALINÓN.	Cena tú con tu invitado, porque yo ya he cenado.
DON JUAN.	¡Me enojo!
CATALINÓN.	¡Señor, por diez huelo mal!°[7]
DON JUAN.	¡Siéntate! Te estoy esperando.
CATALINÓN.	¡Vive Dios que huelo mal! Huelo a muerto, y mis pantalones huelen a muerto.

---

menudos small	**lo recibo por cenado**	**¡por diez huelo mal!** by
convidaste you invited	pretend I have eaten	golly, I stink!
gasta bromas he cracks	already	
jokes		

[7] *huelo mal:* Catalinón has soiled his own trousers. In *Don Quijote*, Sancho Panza had a similar accident (in the episode of the hammer mills).

Los criados tiemblan de miedo. Catalinón dice que no quiere cenar con gente de otro país y pregunta a don Juan:

CATALINÓN.   ¿Yo, señor, cenar con convidado de piedra?[8]

DON JUAN.   Es temor de necios.° Él es de piedra, ¿qué te puede hacer?

CATALINÓN.   Puede descalabrarme.°

Don Juan manda a Catalinón que le hable a don Gonzalo con cortesía.

CATALINÓN.   ¿Cómo está, don Gonzalo? ¿Es la otra vida un buen lugar? ¿Es llano° o es sierra?° ¿Hay premios para los poetas?[9] ¿Hay tabernas allá? Deberá haber, porque Noé[10] vive allí.

La estatua de don Gonzalo responde bajando la cabeza. Don Juan le pregunta si quiere oír una canción. La estatua responde nuevamente bajando la cabeza. Cantan voces ocultas.

> Si de mi amor aguardáis,°
> señora, de aquesta° suerte
> el galardón° en la muerte,
> ¡qué largo me lo fiáis!
> Si ese plazo° me convida
> para que gozaros° pueda,
> pues larga vida me queda,
> dejad que pase la vida.
> Si de mi amor aguardáis,
> señora, de aquesta suerte
> el galardón en la muerte,
> ¡qué largo me lo fiáis![11]

---

temor de necios fear of fools
descalabrarme crack my head
llano flat land
sierra mountain
aguardáis you wait
aquesta this (poetic)
galardón reward, recompense
plazo the day of payment
gozaros to enjoy you

[8] *El convidado de piedra* is the alternate title for this play.

[9] Prizes for poets have been awarded since ancient times.

[10] *Noé*: Noah was the first man to discover wine (Genesis 9:20–21).

[11] "If you wait for death to come to me from above, my Lady, you waste your time . . . I'll enjoy myself without a care.

"I have a long life ahead of me. And if this great span of life permits me to enjoy you, my Lady, let the time go by.

"If you wait for death to come to me from above, my Lady, you waste your time . . . I'll enjoy myself without a care."

CATALINÓN.	¿De cuál de las mujeres burladas cantan?
DON JUAN.	En esta ocasión me río de todas. Isabela en Nápoles...
CATALINÓN.	Ella no, porque se casa contigo. Pero burlaste a Tisbea, y a doña Ana...
DON JUAN.	¡Calla! Aquí está el Comendador para vengarse.
CATALINÓN.	Él es hombre de mucho valor, es de piedra y tú de carne. No habrá buena resolución.

La estatua de don Gonzalo hace señas para que quiten la mesa° y le dejen solo con don Juan. Catalinón advierte a don Juan que no se quede con la estatua de piedra porque puede matar de un golpe a un gigante. Se van todos y se quedan solamente la estatua y don Juan.

Comprensión

A. Contesta las siguientes preguntas.

1. ¿Qué descubren don Juan y Catalinón en la iglesia?
2. ¿Qué le asombra a don Juan?
3. ¿Por qué se ríe don Juan?
4. ¿Qué invitación hace don Juan?
5. ¿Por qué quiere regresar a casa Catalinón?
6. Después de poner la mesa, ¿qué ocurre?
7. ¿Qué razón da Catalinón para no ir a abrir la puerta?
8. ¿Cómo reacciona don Juan al miedo del criado y de Catalinón?
9. ¿Qué ve don Juan cuando abre la puerta? ¿Cómo responde?
10. ¿Por qué dice Catalinón que huele mal?
11. En tus palabras, ¿qué dice la canción?
12. Según Catalinón, ¿por qué no habrá buena resolución?

---

quiten la mesa clean off the table

B. Pon en orden cronológico (1–9) los siguientes acontecimientos de la escena.

___ Don Juan invita a la estatua de don Gonzalo a cenar en su posada.

___ Todos oyen un golpe en la puerta.

___ La estatua quiere estar solo con don Juan.

___ Catalinón dice incoherencias.

___ Don Juan y Catalinón encuentran el sepulcro de don Gonzalo.

___ Don Juan manda que Catalinón abra la puerta de su posada.

___ Don Juan lee el epitafio de don Gonzalo.

___ Don Juan ve la estatua de don Gonzalo en la puerta.

___ Don Juan invita a la estatua de don Gonzalo a sentarse.

C. ¿Qué opinas?

1. Si tú fueras director de este drama, ¿cómo harías que se moviera y comunicara la estatua de don Gonzalo? Comparte tus ideas con tus compañeros de clase.

2. ¿Te ha sorprendido o no el comportamiento de don Juan en la iglesia y en su posada? Explica tu respuesta y cita ejemplos de la escena.

3. ¿Qué crees que va a suceder en la siguiente escena? Explora las posibilidades con tus compañeros de clase.

IV

La estatua de don Gonzalo corresponde la invitación de don Juan y lo invita a cenar en su capilla°

Don Juan y la estatua de don Gonzalo están solos. La estatua le habla con voz de ultratumba.°

DON GONZALO.	¿Me das tu palabra de caballero que cumplirás lo que te pediré?
DON JUAN.	Tengo honor, y cumplo mi palabra porque soy caballero.
DON GONZALO.	Dame tu mano; no temas.
DON JUAN.	¿Eso dices? ¿Yo, temer? Si fueras el mismo infierno, te daría la mano. (*Le da la mano.*)[1]
DON GONZALO.	Bajo tu palabra y afirmado por tu mano, te esperaré mañana a las diez para la cena. ¿Vendrás?
DON JUAN.	Yo creí que querías una empresa° mayor. Mañana seré tu huésped. ¿Adónde iré?
DON GONZALO.	A mi capilla.
DON JUAN.	¿Iré solo?
DON GONZALO.	No, ven con Catalinón y cúmpleme tu palabra como la he cumplido yo.
DON JUAN.	Te prometo que la cumpliré, porque soy Tenorio.
DON GONZALO.	Y yo soy Ulloa.
DON JUAN.	Iré sin falta.
DON GONZALO.	(*Camina hacia la puerta.*) Lo creo. Adiós.
DON JUAN.	Adiós. Espera, te iré alumbrando.°

---

capilla chapel   **empresa** undertaking
de ultratumba from the   **alumbrando** shining a
   other world   light

[1] Don Gonzalo asks Don Juan for his hand, bringing to mind the times Don Juan asked for the hand of Isabela, Tisbea, and Aminta. Don Gonzalo imposes death as punishment for Don Juan's sins. Also, *dar la mano* implies the sealing of a gentleman's agreement. Don Juan will keep his agreement this time.

Don Gonzalo.   No alumbres, que en gracia estoy.[2]

La estatua de don Gonzalo se va caminando con pasos menudos, poco a poco, mirando a don Juan y don Juan a él, hasta que desaparece la estatua. Don Juan siente pavor,° pero trata de hallar una explicación lógica.

Don Juan.   ¡Válgame Dios! Todo mi cuerpo está bañado de sudor. Se me hiela el corazón. Cuando me cogió la mano pareció el calor del mismo infierno. Su aliento era tan frío que parecía respiración infernal. Pero todas estas cosas son producto de mi imaginación. Mañana iré al convite del Comendador, para que toda Sevilla se admire de mi valor.

El rey ordena los matrimonios: el de don Juan e Isabela, y el del marqués de la Mota y doña Ana

En el palacio de Sevilla, don Diego informa al rey que ya llegó Isabela. El rey manda que se aliste° don Juan para la boda.

Rey.   Quiero que don Juan se vista muy galán. Esto será un placer para todos. Desde hoy le haré conde de Lebrija.[3] Isabela perdió un duque, pero ganó un conde.

Don Diego.   Besamos tus pies por esta merced.

Rey.   Don Diego, tus servicios son muy grandes. Me parece que debemos hacer las bodas de doña Ana al mismo tiempo.

Don Diego.   ¿Con el duque Octavio?

Rey.   No, con el marqués de la Mota. Doña Ana y la misma reina me han pedido que perdone al marqués. Ve a la fortaleza de Triana[4] y dile que por los ruegos de su prima, le perdono.

---

pavor terror   **se aliste** get ready

[2] ...*en gracia estoy:* "My way is lit by the grace of God."

[3] As mentioned previously, Alfonso is very fond of Don Juan. He even has a say in the way Don Juan dresses. By the King's favor, Don Juan becomes Count of Lebrija.

[4] *fortaleza de Triana:* The Moorish castle of Triana was located in a suburb of Seville on the Guadalquivir River. It served as a prison.

Te prometo que la cumpliré, porque soy Tenorio.

Don Diego.	Se ha hecho lo que yo tanto deseaba.
Rey.	Infórmale que esta noche serán las bodas. Informa también al duque Octavio. El pobre es desdichado con las mujeres. Dicen que quiere vengarse de don Juan.
Don Diego.	No me extraña, porque ya ha sabido que don Juan burló a Isabela. Señor,... allí viene el duque.

La demanda del duque Octavio

Entra el duque Octavio. Alfonso le pide a don Diego que se quede allí, a su lado, para que Octavio no crea que don Diego sabe del delito de su hijo.

Octavio.	Dame los pies, invicto° rey.
Rey.	Levántate, duque, y dime lo que quieres.
Octavio.	Ya sabes que don Juan Tenorio, con española arrogancia, burló a Isabela.
Rey.	Sí, lo sé. Dime, ¿qué pides?
Octavio.	Un duelo de honor con don Juan.
Don Diego.	¡Eso no!
Rey.	¡Don Diego, calma!
Octavio.	¿Quién eres que hablas frente al rey de esa manera?
Don Diego.	Callo porque me lo manda el rey; si no, te respondería con esta espada.
Octavio.	Eres un viejo.
Don Diego.	Fui joven en Italia, y conocieron mi espada en Nápoles.
Octavio.	No vale "fui", sino "soy".
Rey.	¡Basta, caballeros! Tengan respeto a mi presencia. Duque, después de las bodas hablaremos más despacio. Mientras tanto quiero que sepas que don Juan es

---

invicto undefeated

un gentilhombre de mi cámara y es mi hechura.[5] Es hijo de don Diego. Tú mirarás por el.

Octavio.	Haré lo que me mandas, gran señor.
Rey.	Don Diego, ven conmigo.
Don Diego.	(*Aparte.*) ¡Ay, hijo! Qué mal pagas mi amor.
Rey.	Duque, mañana se celebrarán tus bodas.
Octavio.	Se hará lo que tú mandes.

Aminta y Gaseno llegan a Sevilla para pedir justicia al rey. Octavio quiere vengarse.

Gaseno y Aminta llegan a Sevilla en busca de don Juan Tenorio y encuentran al duque Octavio, a quien preguntan dónde podrán encontrarlo. El duque, intrigado, quiere saber la razón. Aminta responde que don Juan es su esposo.

Aminta.	Es mi esposo ese galán.
Octavio.	¿Cómo?
Aminta.	Pues, ¿no lo sabes siendo del palacio° tú?
Octavio.	No me ha dicho nada don Juan.
Gaseno.	¿Es posible?
Octavio.	¡Claro que es posible!
Gaseno.	Doña Aminta[6] es muy honrada. Ella es cristiana vieja hasta los huesos.[7] Tiene una gran hacienda° en Dos

---

siendo del palacio being a courtier   **gran hacienda** great wealth

[5] *mi hechura:* As mentioned previously, Alfonso had a part in rearing Don Juan.

[6] The title *Doña Aminta*, assumed by a simple country girl, must have provoked great laughter in audiences of the seventeenth century.

[7] *cristiana vieja:* "of ancient Christian stock." This meant that she didn't have Moorish or Jewish blood. So-called "New Christians" were Jewish converts often in name only, or those born of converts. After converting, they were able to enter into previously restricted areas of social and business life. Many New Christians were highly successful in their pursuits, which led the Inquisition to examine the quality of their new faith. Thus, to be a *cristiano viejo* was not just a social status of pride, but a protection against persecution. The Holy Inquisition was a watchdog system first established by Pope Gregory IX in 1233 for the prosecution of heretics.

	Hermanas. Don Juan se casó con ella. Se la quitó a Batricio.
OCTAVIO.	(*Aparte.*) Esta es una burla de don Juan y es una buena ocasión para vengarme... (*A Gaseno.*) Gaseno, ¿en qué puedo ayudarte?
GASENO.	Señor, soy viejo, me quedan pocos días. Quisiera que se haga el casamiento, o de otra manera me quejaré ante el rey.

El duque Octavio dice que eso es justo. Piensa aprovecharse de esta ocasión para vengarse de don Juan y hacerlo casar con Aminta. Les hace vestir de cortesanos,[8] para que puedan entrar con él en el palacio. Gaseno se consuela y Octavio anticipa su venganza del traidor don Juan.

Comprensión

A. Contesta las siguientes preguntas.

1. ¿Qué quiere don Gonzalo?
2. ¿Por qué da su palabra don Juan?
3. ¿Cómo trata de explicarse la situación don Juan?
4. ¿Cómo se sentía don Juan durante y después de la conversación?
5. ¿Por qué quiere el rey que se vista muy galán don Juan?
6. ¿Cómo perdona el rey a Mota?
7. ¿Cuál es el problema del duque Octavio? ¿Qué quiere?
8. ¿Cómo termina el desacuerdo entre Octavio y don Diego?
9. ¿De qué se entera el duque Octavio cuando habla con Gaseno y Aminta?
10. ¿De qué se da cuenta el duque Octavio? ¿Por qué va a ayudar a Gaseno y Aminta?

B. ¿Qué opinas?

1. ¿Cómo te sentirías si te hablara un fantasma? Explica tu respuesta.
2. Don Juan condenó a su padre por ser viejo, y en esta escena lo hace también el duque Octavio. ¿Qué opinas de la actitud de estos jóvenes? ¿Tienen razón? Comparte tus ideas con tus compañeros de clase.

---

[8] People of the royal court and peasants wore different clothing. At a glance, one could distinguish the nobility from the peasants by their garb.

V

La muerte de don Juan

Don Juan describe la belleza de su futura esposa Isabela. Catalinón hace malos augurios.°

Don Juan regresa del palacio del rey Alfonso y le cuenta a Catalinón que el rey lo recibió con más amor que su padre. Catalinón pregunta a don Juan si vio a Isabela.

DON JUAN.	La vi. Su cara es como la de un ángel, como la rosa del alba.
CATALINÓN.	Y al fin, ¿serán las bodas esta noche?
DON JUAN.	Sí, sin falta.
CATALINÓN.	Si tus bodas hubieran sido antes, no habrías burlado a tantas mujeres. Te casas con cargas° muy grandes.
DON JUAN.	¡Ya comienzas a ponerte necio nuevamente, Catalinón!
CATALINÓN.	Hoy es martes.[1] ¿Por qué no te casas mañana?
DON JUAN.	Esas son creencias de locos y disparatados.° El único mal día es cuando no tengo dinero.
CATALINÓN.	Señor, te esperan para tu boda. Tienes que vestirte.
DON JUAN.	Tenemos que hacer otra cosa primero.
CATALINÓN.	¿Qué es?
DON JUAN.	Cenar con el muerto. Di mi palabra.
	(Entran en la iglesia y van hacia el sepulcro de don Gonzalo.)
CATALINÓN.	¡Qué oscura está la iglesia! Quiero un cura con hisopo y estola.[2] ¡Ay de mí! Sosténme,° señor, porque me tienen de la capa.

---

augurios predictions, omens	**cargas** burdens of conscience	**disparatados** blunderers **Sosténme** Hold me up

[1] Tuesday is considered unlucky in Spain. A popular proverb runs: *En martes trece ni te cases ni te embarques.* ("On Tuesday, the thirteenth, don't get married or embark on a trip.")

[2] *...cura con hisopo y estola:* ". . . a priest with sprinkler and stole." Characteristically, Catalinón is frightened. The sprinkler dispenses holy water, which, according to Catholic belief, has the power to cast away demons. The stole is a long silk band worn around the neck by priests during religious services.

(Aparece don Gonzalo.)

DON JUAN.	¿Quién eres?
DON GONZALO.	Soy yo.
CATALINÓN.	¡Me muero!
DON GONZALO.	Yo soy el muerto. No te espantes, Catalinón. Don Juan, no creí que cumplieras tu palabra, porque a todos burlas.
DON JUAN.	¿Me crees cobarde?
DON GONZALO.	Sí. Cuando me mataste, huiste.
DON JUAN.	Huí para que no me reconocieran.° Ya estoy delante de ti. Di, ¿qué quieres?
DON GONZALO.	Quiero convidarte a cenar.
DON JUAN.	Cenemos.
DON GONZALO.	Para cenar, es necesario que levantes el mármol° que está sobre esa tumba.³
DON JUAN.	Levantaré todos los pilares° también.
DON GONZALO.	¡Estás muy valiente!
DON JUAN.	Tengo valor y corazón en mis carnes.
CATALINÓN.	Esta mesa está mugrienta.° ¿No hay quien la lave?

Se sientan a comer. Entran entonces dos pajes enlutados° para servirles. Don Gonzalo manda a Catalinón que se siente y coma.

DON GONZALO.	Siéntate tú y come.
CATALINÓN.	Yo, señor, ya he comido esta tarde.
DON GONZALO.	No repliques.°
CATALINÓN.	No replico. ¿Qué es este plato, señor?

---

reconocieran would not recognize
mármol marble

pilares pillars
mugrienta filthy
enlutados in mourning clothes

No repliques. Don't argue.

³ From ancient times, many religions and cultures have practiced the custom of leaving food for the dead at the burial site (Egyptians, Incas, etc.). This belief appears in the Old Testament (Psalm 106:28).

DON GONZALO.	Este plato es de alacranes° y víboras.°
CATALINÓN.	¡Gentil° plato!
DON GONZALO.	¿No vas a comer tú, don Juan?
DON JUAN.	Comeré lo que tú me des, aunque sean las víboras del infierno.
DON GONZALO.	También quiero que te canten una canción.
CATALINÓN.	¿Qué vino se bebe aquí?
DON GONZALO.	Pruébalo.
CATALINÓN.	¡Hiel° y vinagre°⁴ es este vino!
DON GONZALO.	Este vino esprimen° nuestros lagares.°

(*Cantan voces ocultas.*)

Adviertan los que de Dios
juzgan los castigos grandes,
que no hay plazo que no llegue
ni deuda que no se pague.⁵

CATALINÓN.	¡Malo es esto! Este romance° habla de nosotros.
DON JUAN.	Me parte° el pecho un frío helado.

(*Siguen cantando.*)

Mientras en el mundo viva,
no es justo que diga nadie:
¡Qué largo me lo fiáis!,
siendo tan breve el cobrarse.°⁶

DON GONZALO.	Dame tu mano, no temas.⁷

---

alacranes scorpions	**vinagre** vinegar	**parte** splits in two
víboras vipers	**esprimen** press	**el cobrarse** the payment
Gentil Gracious, Elegant	**lagares** winepresses	
hiel gall	**romance** poem	

⁴ *hiel y vinagre:* "gall and vinegar." According to the New Testament, gall and vinegar were given to Jesus to quench his thirst when he was crucified (Matthew 27:34).

⁵ "Let all know that the punishment of God is great. Judgment day is set, and no one can escape the final debt."

⁶ "As long as humans live their span of life, they must avoid boasting: 'I have plenty of time to pay my final debt.' No sooner said, the payment must be met."

⁷ Once again, the symbolic gesture of "giving one's hand" appears. This is the last time Don Juan will offer his hand.

DON JUAN.	¿Yo, temer? *(Le da la mano.)* ¡Me quemo! ¡No me quemes con tu fuego!
DON GONZALO.	Este es poco fuego para lo que tú mereces. Dios hace maravillas. Él quiere que pagues muriendo a manos de un muerto. Esta es la justicia de Dios. Quien tal hace que tal pague.[8]
DON JUAN.	¡Me quemo! ¡No me quemes! ¡No me aprietes!° ¡Te he de matar con mi daga!° ¡Ay, me canso de dar golpes° en el aire! No burlé a tu hija doña Ana. ¡Ella me descubrió antes!
DON GONZALO.	Te condena tu intención.
DON JUAN.	Permíteme confesión y absolución.[9]
DON GONZALO.	No, ya es muy tarde.
DON JUAN.	¡Me quemo! ¡Me abraso!
DON GONZALO.	Esta es la justicia de Dios. Quien tal hace que tal pague.
DON JUAN.	¡Me quemo! ¡Me abraso!

(Cae muerto.)

Catalinón quiere morir también para acompañar a don Juan. El sepulcro se hunde° con don Juan y don Gonzalo, con mucho ruido. Catalinón escapa arrastrándose.° Se quema toda la iglesia. Catalinón informará a don Diego del triste suceso.

¡No me aprietes! Don't squeeze me!
daga dagger, knife

golpes strikes, blows
se hunde sinks

arrastrándose dragging himself on the floor

[8] *Quien tal hace que tal pague:* "As you act, so shall you pay." (Each person reaps the harvest of his or her deeds.) (Galatians 6:7–8)

[9] *Permíteme confesión y absolución:* "Allow me to confess to a priest and be pardoned for my sins." Don Juan has had time to change his ways. He had been warned many times of the consequences of his behavior. Nevertheless, Don Juan assumed (unwisely and presumptuously) that he could confess his sins at the very last moment.

Comprensión

A. Contesta las siguientes preguntas.

1. Si las bodas hubieran sido antes, ¿qué habría hecho don Juan?
2. ¿Cuál es la superstición de Catalinón?
3. ¿Qué tiene que hacer don Juan antes de la boda?
4. ¿Qué es lo que no creyó don Gonzalo?
5. ¿Por qué cree don Gonzalo que don Juan es cobarde?
6. En tus palabras, ¿qué dice la canción?
7. ¿Qué simboliza el pecho helado de don Juan? ¿Qué pasó con todo el fuego que tenía en su pecho?
8. ¿Cómo mata don Gonzalo a don Juan?
9. ¿Por qué quiere confesarse don Juan? ¿Por qué es ya muy tarde?
10. ¿Cómo muere don Juan? ¿Qué dice al final don Gonzalo?

B. Indica si las siguientes oraciones son ciertas (C) o falsas (F). Corrige la información falsa y cita las palabras o frases de la escena que apoyan la información.

1. Catalinón piensa que don Juan ha cometido muchos errores.
2. Catalinón tiene muchas ganas de ir a cenar con don Juan.
3. Don Juan empieza a tener miedo.
4. Don Gonzalo explica que don Juan merece el castigo que va a recibir.
5. Don Juan muere de causas naturales.
6. Al morir don Juan, la iglesia entera se hunde y desaparece.

C. ¿Qué opinas?

1. ¿Qué te parece lo que dice don Gonzalo a don Juan: "Quien tal hace que tal pague"? Discute tu opinión con tus compañeros de clase.
2. Don Juan dice que no burló a doña Ana porque ella lo descubrió antes. Gonzalo responde: "Te condena la intención". ¿Crees que las personas se deben juzgar tanto por sus intenciones como por sus acciones? Comparte tus ideas con tus compañeros de clase.

VI

El rey Alfonso hace justicia

El rey se entera de todos los abusos de don Juan

En el palacio están Alfonso, don Diego y varios cortesanos.

(Entran Batricio y Gaseno.)

BATRICIO. Señor, ¿permites a tus nobles cometer abusos tan grandes con los miserables?[1]

REY. ¿Qué dices?

BATRICIO. Don Juan Tenorio me quitó mi mujer la noche de mi matrimonio. Tengo aquí testigos.

(Entran Isabela y Tisbea.)

TISBEA. Señor, si no haces justicia, me quejaré a Dios y a los hombres. Don Juan llegó a mí náufrago. Le di vida y me burló, prometiéndome ser mi marido.

REY. ¿Qué dices?

ISABELA. Dice la verdad.

(Entran Aminta y el duque Octavio.)

AMINTA. ¿Dónde está mi esposo?

REY. ¿Quién es?

AMINTA. ¿Aún no lo sabes? Es don Juan Tenorio. Él me debe mi honor. Y es noble. Manda, rey, que nos casemos.[2]

(Entra el marqués de la Mota.)

MOTA. Gran señor, debes saber la verdad. Fue don Juan el culpable de lo que me imputaste,° no yo. Tengo dos testigos.

---

imputaste blamed

[1] Batricio disrespectfully speaks his mind to the King. This is an attack against the abuses of the nobility of the time. The nobility was expected to set an example of virtuous behavior.

[2] Like Batricio, Aminta speaks very directly to the King. Legally, Don Juan was bound to her, because the promise of marriage made to her constituted a binding verbal contract.

Rey.	¿Hay desvergüenza más grande? Quiero que lo apresen y lo maten inmediatamente.
Don Diego.	Señor, haz que prendan a don Juan y que pague sus culpas mi hijo, para que rayos del cielo contra mí no bajen.
Rey.	Esto harán mis privados.°

(Entra Catalinón.)

Catalinón.	Señores, escuchen el suceso más extraño en todo el mundo, y luego denme la muerte. Don Juan, después de quitarle el honor y la vida[3] al Comendador, le mesó la barba a su estatua. Le convidó a cenar. La estatua le invitó a él, a su vez. Al acabar la cena le tomó la mano. La apretó hasta matarlo, y dijo: "Dios me manda que así te mate, castigando tus delitos: 'quien tal hace que tal pague'".
Rey.	¿Qué dices?
Catalinón.	La verdad. Y acabo diciendo que don Juan no burló a doña Ana porque fue sorprendido por el Comendador.
Mota.	Mil albricias° quiero darte por las nuevas.[4]
Rey.	¡Este es justo castigo del cielo! Y ahora bien, es hora de que se casen todos, pues la causa de tantos desastres ha muerto.
Octavio.	Pues ha enviudado[5] Isabela, quiero casarme con ella.
Mota.	Yo con mi prima, doña Ana.
Batricio.	Y nosotros queremos casarnos con nuestras mujeres, para que acabe *El convidado de piedra*.

---

privados favorites   **albricias** congratulations

[3] Notice that one's honor takes precedence over one's life.

[4] Mota is delighted to discover that Don Juan didn't deceive Doña Ana.

[5] Octavio also feels that Alfonso's order that Don Juan and Isabela marry made them legally husband and wife. Therefore, she is now a widow, and Octavio can honorably marry her.

REY.   Y el sepulcro que se traslade a la iglesia de San
                       Francisco[6] en Madrid, para memoria más grande.

———◆◆◀━━

Comprensión

A. Contesta las siguientes preguntas.

1. ¿De qué acusa Batricio al rey?
2. ¿Qué amenaza hace Tisbea al rey?
3. ¿Qué busca Aminta?
4. ¿Qué acusación hace Mota?
5. ¿Qué quiere hacer el rey en ese momento?
6. ¿Qué quiere don Diego? ¿Por qué?
7. ¿Qué describe Catalinón?
8. ¿Por qué le quiere dar mil albricias Mota a Catalinón?
9. ¿Qué dice el rey?
10. Octavio dice que Isabela ha enviudado. ¿Cuál es el significado de esto?

B. ¿Qué opinas?

1. ¿Te gustó este drama? ¿Por qué? ¿Cuáles son las escenas que más te gustaron? Compara tus respuestas con las de tus compañeros de clase.
2. Si fueras director de una versión cinematográfica de este drama, ¿a qué actores escogerías para los papeles principales? ¿Situarías la película en España durante el siglo XIV o la situarías en otro lugar y en otra época? Explica tu respuesta.
3. ¿Cuál es el tema principal de esta comedia? Busca frases o ejemplos de la obra para apoyar tu respuesta.

---

[6] The church of San Francisco was founded as a hermitage in the thirteenth century. It became a church in the fifteenth century and was renovated in 1617.

Vocabulario

The Spanish-English *Vocabulario* presented here represents the vocabulary as it is used in the context of this book.

Nouns are given in their singular form followed by their definite article only if they do not end in -o or -a. Adjectives are presented in their masculine singular form followed by -a. Verbs are given in their infinitive form followed by the reflexive pronoun -se if it is required; by the stem change (ie), (ue), (i), (u); or by the orthographic change (c), (gu), (qu). Another common pattern among certain verbs is the irregular yo form; these verbs are indicated as follows: (g), (j), (y), (zc). Finally, verbs that are irregular in several tenses are designated as (IR).

A
a:

   al punto right away

   a oscuras in the darkness

   a pesar de in spite of

abrasar to burn

abrazar (c) to embrace

absolución, la pardon, absolution

acabar de + *infinitive* to have just (*done something*)

acercar(se) (qu) to come near, draw near

acompañamiento entourage

acompañar to accompany, go with (*someone*)

acordarse (ue) to remember

acudir to attend; to come

adelante onward, in front

además besides

admirarse (de) to marvel (at)

adular to worship, adore

advertir (ie) (i) to tell, inform; to warn

afrontar to face up to; to insult

agradar to please

agraviar to offend

aguardar to wait

agüero omen

ahogarse (gu) to drown

ahorcado, -a hanged

ala, el (*f.*) wing

alacrán, el scorpion

alba, el (*f.*) dawn

alboroto disturbance; clatter, hoopla

albricias, las congratulations

alcázar, el royal palace

alcoba bedroom

aliento breath; daring

alistar(se) to get ready

allá there

allí there

alma, el (*f.*) soul

almena battlement (*a defensive wall with open spaces*)

alquilar to rent

alumbrar to light (*one's way*)

amar to love

amenaza threat

amenazar (c) to threaten

amistad, la friendship

amohinar to annoy

angustia anguish

angustiado, -a anguished

ánimo courage; spirit

anoche last night

anochecer, el dusk

anochecer (zc) to grow dark

ansia anxiety

ante before, in front of

antes formerly

antorcha torch

anular to void, annul

aparte, el aside (*dramatic device*)
apreciar to value; to appreciate
  (*music, etc.*)
apresar to take prisoner; to seize,
  capture
apresurar(se) to hurry (oneself)
apretar (ie) to squeeze
aprovechar(se) (de) to take
  advantage (of)
aquesta this (*archaic, poetic*)
arrastrar(se) to drag (oneself) along
  the ground
arrojar(se) to throw (oneself)
asombrar to surprise, astonish
asunto matter
atrever(se) to dare
atrevido, -a daring, bold
atrevimiento daring
augurio omen
aún still, yet
ausencia absence
ausentarse to depart, go away
auxilio help
avergonzado, -a ashamed
avisar to inform

B

bailador, el dancer (*folk*)
baile, el dance
bajar to go down; to lower
balcón, el railing; balcony
bañar to bathe
barba beard
beldad, la beauty
besar to kiss
beso kiss
bofetón, el punch, hard slap
breve brief
broma joke
  gastar bromas to crack jokes
bronce, el bronze
burlador deceiver, seducer, rogue
burlar to seduce; to deceive
burlonamente mockingly, jokingly

C

caballero gentleman; knight
caballo horse
cabaña hut
callar to silence, be quiet
cámara chamber
camarero mayor High Chamberlain
cambiar to exchange; to change
camino road; path
  camino de en route to
  de camino on the road; in passing
canas gray hair
canto song
capa cape, cloak
capilla chapel
carga load, burden
caro, -a dear, of a high cost
carta letter
casado, -a married
casamiento marriage
casar to marry, arrange the
  marriage of
casarse con to get married (to)
casco hoof
castigar (gu) to punish
castigo punishment; (*fig.*) scourge
casualmente by chance
celebrar to have, hold (*a party, a
  wedding, etc.*)
celos jealousy
celosía Venetian blinds
censurar to criticize, reproach
cerciorar(se) to verify, to check
chanza joke, jest
chiste, el joke
choza hut
ciego, -a blind
cielo heaven
cita rendezvous, engagement
clemencia clemency, mercy
cobarde, el coward
cobrarse to collect payment
cólera anger, rage
collar, el necklace
coloso colossus

comedia play, drama
comendador mayor, el Grand Commander
compañero companion
compás, el beat, rhythm
conceder to grant
conciencia conscience
conde, el count (*aristocracy*)
condenar to condemn; to damn
confesar(se) (ie) to confess
confiar(se) (de or en) to trust (in); to confide (in)
consolarse (ue) to be consoled, comforted
consumar to consummate (*marriage*)
consumir to burn
convencer (z) to convince
convenir (ie) (i) to suit, be suitable
convidado male guest
convidar to invite
convite, el dinner party, banquet
corresponder to have mutual affection; to correspond
corrido, -a embarrassed; made to run like a bull
corte, la court, nobles living in the royal palace
cortés courteous, polite
cortesano courtier; person of the royal palace
cortesía courtesy
costumbre, la custom
creencia belief
criado servant
cualquier any
cubrir to cover up, conceal
cuenta account, bill
cuidado care, worry
culpa blame, guilt
culpable guilty
culpar to blame, accuse
cumplir to keep (*a promise, one's word*); to fulfill, comply
cura, el priest

D

daga dagger
dar (IR) to give
  dar fin a to put an end to
  dar voces to shout
  darse ganas de to feel like
de:
  de camino on the road; in passing
  de una vez at the same time; in one fell swoop
delito crime, offense
demandar to demand; to sue
demonio devil
demorar(se) to delay
derribar to knock down, demolish
desafío duel; challenge
desaparecer (zc) to disappear
descalabrar(se) to bash one's head
describir to describe
descubrir to discover
descuido neglect, carelessness; nonchalance
desdeñar to disdain, scorn
desdicha misfortune, misery
desenvainar to unsheathe, draw out
desesperar to despair
desgracia misfortune
deshonra dishonor
desmayado, -a unconscious
desobedecer (zc) to disobey
desobediente disobedient
despedir (i) to dismiss, fire
despedirse (i) (de) to bid farewell, say good-bye
desterrar (ie) to banish, exile
desvergüenza shamelessness
detener (IR) to detain; to stop
deuda debt
devolver (ue) to return (*something*)
dicho saying
dichoso, -a fortunate; happy
dilatado, -a extensive, lengthy
disculpa excuse
disculpar to excuse, pardon
disfrutar to enjoy

disimular to conceal (*emotion*)
disparatado blunderer, fool
disparate, el foolishness, silly thing
disuelto, -a dissolved
doctrina doctrine
don title of respect for males
doña title of respect for females
dotado, -a endowed, gifted
dueña lady-in-waiting; owner
dueño owner; master
dulce sweet

E
ejecutar to accomplish; to execute
ejército army
elegir (i) (j) to choose, select
embajada message; diplomatic task
embajador, el ambassador
embarcar (qu) to set sail; to take off
　(*on a trip*)
emborrachar to make drunk
empresa undertaking, enterprise
empuñar to clench, grasp
enamorar to court, win the love of
encender (ie) to light up
encerrar (ie) to confine, lock up
encima on top
encubierto, -a disguised
enfadado, -a angry
engañar to deceive
engaño deception
engrandecer (zc) to exalt; to enlarge
enlutado, -a in mourning clothes
enmendar (ie) to correct, make
　right
enojado, -a angry
enojo anger
enseñar to teach; to show
ensillar to saddle (*a horse*)
enterarse (de) to find out (about)
enterrar to bury
entierro burial
entregar (gu) to deliver, hand over
enviar to send

envidia envy
enviudar to become a widow or
　widower
epitafio epitaph, inscription on a
　tomb
epíteto epithet; nickname
equivocación, la mistake
escarpia spike
esclava slave (female)
esclavo slave (male)
espada sword
espantar to frighten, scare
espantoso, -a frightening, frightful
esperanza hope
esperar to wait; to hope; to expect
esprimir to squeeze, press
estado state, condition
estafeta courier
estar (IR) por + *infinitive* to be
　about to (*do something*)
estimar to esteem
estrella star
explicar (qu) to explain
expulsar (de) to expel (from)
extrañar to seem strange
extraño, -a strange, odd
extremado, -a extreme, excessive;
　very good
extremarse to do one's utmost

F
falta lack
　sin falta without fail
festejar to celebrate
festivo, -a jovial, comical
fiar to trust; to give credit
fiero, -a cruel; fierce
fingir (j) to pretend
firma signature
fortaleza fortress
forzar (ue) (c) to subdue,
　overpower by strength
fracasar to fail
frente a in front of

fulminarse *(fig.)* to speed up
  (lightning fast)
funesto, -a fatal; disastrous
furor, el fury, rage

G

galán, el good-looking man; suitor
galán handsome, gallant
galante flirtatious *(when used to
  describe women)*
  aventura galante romantic
  adventure
galardón, el reward, recompense
galera galley ship *(vessel with oars)*
gallardo, -a good-looking, dashing
gana desire
  darse ganas de to feel like
gentil gracious, elegant
gentilhombre, el gentleman
gigante, el or la giant
golpe, el strike, blow
gozar (c) to enjoy
gracia grace, pleasing manners
grada step
gritar to shout, cry out
grosería rudeness, ill breeding
guarda, el or **la** guard
gusto pleasure

H

hacer (IR) justicia to do justice, see
  that justice is done
hacienda property, fortune
hechura creation
helado, -a frozen
helar(se) (ie) to freeze, grow cold
herido, -a wounded
herir (ie) (i) to wound
hermosura beauty
hiel, la gall, bile
hisopo holy water sprinkler
hospedar to lodge
hospedería inn, lodge
huelo *See* **oler.**

hueso bone
huésped, el *or* **la** guest
huir (y) to flee
humilde humble
humo smoke
hundir(se) to sink
huracán, el hurricane

I

impedir (i) to hinder, obstruct,
  impede
importar to matter, be important
imputar to blame; to attribute
incitar to spur on
infamia infamy, disgrace
infiel faithless, disloyal, unfaithful
infierno hell
inquietarse to become alarmed,
  disturbed
intentar to try, attempt
intrigar (gu) to scheme, plot
invicto, -a undefeated, unconquered

J

jactarse to boast
jornada act *(of a play)*; journey, long
  way
juez, el judge
juntarse to meet
junto a next to
juramento oath
jurar to swear, take an oath
justo, -a fair, just
juzgar (gu) to judge

K

kirie, el kyrie eleison, prayer said
  near the beginning of the Roman
  Catholic mass

L

labrado, -a carved *(stone)*
labrador, el farmer
lagar, el winepress

lágrima tear
lamentar to wail, bemoan
langosta locust; (fig.) plague
largo, -a long
leal loyal
ley, la law
libertino libertine, person who is unrestrained by morality
lisonja flattery
lisonjero flatterer
llano flat
llenar to fill
llevar to take
    llevar a cabo to carry out
    llevar puesto, -a to wear, have on
locura madness; crazy thing
luchar to fight; to struggle

M

mal, el sorrow, trouble; disease
maldecir (IR) to curse, condemn
maldito, -a accursed; damned
mancebo bachelor; young man
mandar to order
mar, el sea
maravilla wonder, marvel
marido husband
mármol, el marble
marqués, el marquis
más more
mas but
matar to kill
mayor older; greater
mayordomo steward
medio, -a mid-, half-
mensaje, el message
mentir (ie) (i) to lie, tell a lie
mentira lie
menudo, -a small
merced, la mercy, favor
merecer (zc) to deserve
mesar to pluck, pull hair
mientras while, as

mientras tanto meanwhile
milagrosamente miraculously
mísero, -a miserable
misma herself
mismo himself
mofarse to mock, jeer
monte, el mountain
moro Moor
mortalmente fatally
mostrarse (ue) to appear, seem
mote, el nickname
muela tooth
mugriento, -a filthy
mula mule
muralla wall
músico musician

N

naturaleza nature
naufragar (gu) to sink, be wrecked; to be shipwrecked
naufragio shipwreck, sinking (n.)
náufrago, -a shipwrecked
necio fool
negarse (ie) (a) to refuse (to)
notorio, -a well-known, famous
novia bride
novio groom
nuevamente again
nuevas, las news

O

objeto object
obligar(se) (gu) to compel, oblige (oneself)
obra work
ocultar to hide
oculto, -a out of the way; hidden, unseen
ocupado, -a occupied
ocurrir to happen
oír (IR) to listen; to hear
ojalá if only; let's hope; God willing

oler (IR) (a) to smell (like)
onceno, -a eleventh
orden, la order (military or
   religious); command
orden, el order, sequence
oro gold
oscuro, -a dark
   a oscuras in the darkness

P

pagar (gu) to pay, pay back
pago payment
país, el country
pajarillo small bird
paje, el page (in court)
palomino a young dove
pantalón, el pants
Papa, el Pope
parecer (zc) to seem
parranda party, spree
   ir de parranda to go on a binge;
   to party
partir to depart, leave; to divide,
   split
pasar to pass
paso steps
pastor, el shepherd
pastora shepherdess
pavor, el terror
pecado sin
pecho chest, breast
pelar to peel, skin
peligro danger
pelo hair
pena sorrow
penetrar to enter, penetrate
perdonar to pardon; to forgive,
   excuse
permiso permission
perplejo, -a puzzled, perplexed
perseguir (i) to chase, pursue
personaje, el character (in fiction)
pesar, el sorrow

pescador, el fisherman
pescadora fishermaid
pescar (qu) to fish
pez, el fish
piedra stone
pilar, el pillar
placer, el pleasure
plata silver
plato dish (entrée)
plazo day of payment; period agreed
   upon for paying a bill
poder, el power; authority
poderoso, -a powerful
pollo, polla young chicken
polvo dust
posada inn
predicador, el preacher
premio award; reward
prender to take prisoner; to catch,
   capture
preso prisoner
preste, el priest
presto quickly, fast
pretendiente, el suitor
previsto, -a prepared, readied
privado favorite; confidant
proceso trial (law)
producirse (zc) (j) to arise, come
   about, happen
profanar to blaspheme; to degrade
promesa promise
prometer to promise
prometida fiancée
prometido fiancé
pronto soon
propicio, -a favorable
propio, -a own
proseguir (i) to continue, carry on
protagonista, el or la main character
punta tip (of a sword)

Q

queja complaint; sorrow

quejar(se) to complain
quemar to burn
quitar to take away
    quitar la mesa to clean/clear the
        table

R
rapaz, el young boy, rascal
rayo ray *(of sunlight)*; thunderbolt,
    lightning
razón, la reason
reaccionar to react
real royal
reconocer (zc) to recognize
red, la net
refugiar to take refuge
regazo lap
regresar to return
rehusar to refuse
reírse (i) (de) to laugh (at)
reja iron grate covering a window
relatar to recount, relate, tell
remedio remedy; recourse
remordimiento remorse
renacer (zc) to be reborn
rendir(se) (i) to surrender; to subdue
reñir (i) to fight
reparar to repair
repetir (i) to repeat
replicar (qu) to argue
rescatar to rescue
resistir to hold back
resolución, la completion, end
respeto respect
respirar to breathe
respuesta answer, response
restitución, la restoration,
    restitution
restituir (y) to reinstate
resultar to turn out (to be)
retirarse to move away, back away
riesgo risk
risa laughter
rogar (ue) to beg, plead

romance, el poetry, ballad
rostro face
roto, -a broken
rumbo direction, course
    con rumbo a in the direction of

S
sabio, -a wise
sacar (qu) to take out
sacro, -a sacred, holy
sagrado, -a sacred, holy
salado, -a salted
saltar to jump
saludar to greet
salvar(se) to save (oneself)
sangre, la blood
satisfecho, -a satisfied
seducido, -a seduced; charmed
seductor, -a charming, seductive
seguir (i) to follow
según according to'
seguro, -a sure; safe
sencillo, -a simple
seña sign, mark, signal
sepulcro burial monument, tomb
sereno, -a serene, calm
servicio service
sierra mountains
siglo century
significado significance, meaning
signo sign, mark
siguiente next; the following
sin without
    sin falta without fail
sirviente, el servant
soberbia arrogance; presumption
sobre about, regarding; on top of
sobrino nephew
socorrer to aid, help
socorro help
sólo only
    no sólo...sino también not only
        . . . but also
solución, la solution, answer

solucionar to solve, resolve, settle
son, el song
sordo, -a deaf
sorprendido, -a surprised
sortija ring (*jewelry*)
sosiego calm, peace of mind
sospechar to suspect
sostener (IR) to support, maintain, hold up
suceder to happen
suceso event, situation
sudor, el sweat, perspiration
sufrir to suffer; to endure
suponer (IR) to suppose
suspirar to sigh
suspiro sigh, whisper

T
taberna tavern
tardar to delay; to put off
temer to fear
temerario, -a reckless, rash
temor, el fear
testigo witness
tiernamente tenderly
tigre, el tiger
título title
tocino bacon
topar to bump into
toronjil, el lemon balm
torre, la tower
traición, la treason, betrayal
traidor, el traitor, betrayer
transcurrir to elapse, to pass away (*time*)
transformarse (en) to become, turn into
trasladar to move
trébol, el clover
trémulo, -a quivering, shaking
tumba tomb
turbado, -a perturbed

U
ultratumba the state beyond the grave

V
valentía courage
valer (g) to count (*as worth*)
valor, el courage
vela candle
vencer (z) to defeat; to subdue
venganza vengeance, revenge
vengarse (gu) to avenge oneself; to retaliate
verdadero, -a true, truthful
vestido, -a (de) dressed (in; as)
vestir (i) to dress, clothe
víbora viper, poisonous snake
vihuela viola (*old style of Spanish guitar*)
vil infamous, vile, despicable
villano villager; peasant
vinagre, el vinegar
virtud, la virtue
virtuoso, -a virtuous
volador, -a speedy (*as though flying*)
voluntad, la will
volver (ue) to return
   volver en sí to come to, regain consciousness
   volverse to become, turn into

Y
yegua mare

Z
zagal, el lad, boy
zaguán, el entrance, vestibule